早川紀伊神社の奉納絵馬

西山　敏夫

早川紀伊神社の奉納絵馬（撮影：渡辺時一「紀伊神社写真集　私の早川村誌　第十号」青木友吉　より）

目次

早川紀伊神社の奉納絵馬（一）……一
早川紀伊神社の奉納絵馬（二）……一〇
早川の揚繰網《アグリ》……三八
早川を描いた古文書と作品……四四

早川紀伊神社の奉納絵馬（一）

明治十二年（一八七九）山口良助と誌《しる》されたこの絵馬は、縦三尺一寸余（約九十五㌢）横五尺七寸（約一・七㍍）厚さ一寸（約三㌢）の欅《けやき》の一枚板に、金箔《きんぱく》の縁どりがなされていて、百三十年余の歳月を経て絵の具が剥落《はくらく》した木目《もくめ》が現れてしまったが、絵師の丹念な筆によって当時の漁業の形態や、紀伊神社並びに正蔵寺と早川村の集落、そして人びとの風俗習慣を偲ばせ、漁業に関しての絵馬としては、立派の一語に尽きる。

この絵馬に描かれている漁業は、嵩張《かさば》って重いから八駄網《はちだあみ》とか、底に沈めて置き四辺を四艘《そう》で引き上げるので、シモラシとか四艘張網《しそうぱりあみ》とか呼ばれ、昼間は中心でカブセ（撒《ま》き餌《え》）を撒き、夜間は井桁《いげた》に組んだ角柱の上で灯火《あかり》を用いて魚を寄せて捕った敷網《しきあみ》が、張り立てて置いた網だけを陸方《おか》から沖に向かって絞って行って捕る小台網《こだいあみ》という漁法となって性能が格段に向上し、他業種に従事する漁師に「あれじゃ、根こそぎ捕っちまうべえ」と言われ、それが訛《なま》って「ねこせえ」と言われる様になった網である。

六尺（褌《ふんどし》）一本で鉢巻きをして捕っている魚は、鮪《まぐろ》の三、四歳魚で、四本位一度に担《かつ》げるからとヨッと呼ばれた鮪《まぐろ》である。

浦によって早い遅いの差はあるが、とりわけ文化文政期（一八〇四～一八三〇）と言い伝えられてきたように、地曳網《じびきあみ》で鰹《かつお》、鮪の大漁に沸《わ》き、江戸幕府より御菜浦《おさいうら》に指定された江戸前八ヶ浦が江戸の発展に伴って増やされ、延宝五年（一六七七）には相模八ヶ村を加えて山西村（中郡二宮町）までの三十一浦は、捕れた魚は江戸へ運べという命令に従って「江戸遣《や》り」に勤しんだ。雑魚《ざこ》はその限りにあらずとの事で、二宮周辺では咬《か》まれたら治《なお》るまでに百日掛かるとウツボの事をヒャクンチと呼び、三浦では間違っても江戸へ運ばれる事はないのでエドミズと名付けられた。

瞳《ひとみ》を凝《こ》らせば、江戸幕府が発した鎖国令《さこくれい》の法度《はっと》の名残りを止《とど》めて、船の真ん中に、殿中矢帆《デンチユウヤホ》（大きな帆）一つだけ上げて走る船や、丁髷《ちょんまげ》に六尺（褌）姿の漁師あり、目を転じて紀伊神社の鳥居の下の女性を始め、集落の家並みの間の道に、山車《やまぐるま》を背負って山に向かう人や、大きな風呂敷包みを背にした商人《あきんど》風の人と、笠を被《かぶ》った旅人《たびびと》などいとこまかに描かれている。

鰹《かつお》を間にして、真網《マアミ》（左舷）、逆網《サカアミ》（右舷）の二艘が位置し、その四囲に舳《ミヨシ》の短かい房丁《ボウチヨウ》（一回り小さい舟）が散在し、画中で下になる逆網《サカアミ》の船首《ミヨシ》にはマネ（大漁旗）を付けた松の木が立てられているが、この松の木は、左と右上に画《えが》かれた瑞雲《ずいうん》とあいまって、単に大漁だけでなく、おそらく鮪に始まって鰹、めじ（鮪の幼魚）と続いた豊漁の目出度《めでた》さを、正月のお飾りを連想して描いたのではなかろうか。

なにはともあれ、この絵馬の本旨《ほんし》は、大漁豊漁で大儲《おおもう》けさせてもらったお礼であり、中祝《ナカイエー》をしてから万祝《マイエー》となり、一同、万祝《マイエー》着に鬱金《オコン》（うこん）の三《シャン》尺《ジャク》（帯）で、打ち揃ってお礼参りをしている。

この豪勢な絵馬を奉納した津元《ツモト》（網元）山口良助は、古名《こめい》船方村、名の起源は船頭だったといわれる千度小路で、お台場が作られ攘夷《じょうい》の意気とうらはらに、黒船の影に怯《おび》える嘉永《かえい》二年（一八四九）三月八日、十四代喜兵衛の二男として、火難を避ける町人の知恵で、下屋《げや》を大きく前に出した蔵住《くらず》まいの家に、呱々《ここ》の声を上げた。

生家は魚座《うおざ》（魚市場）商人で、買った魚を雇《やと》った馬力《ばりき》（馬が曳《ひ》く馬車）で江戸の魚河岸《うおがし》（日本橋）へ出荷する「江戸遣《や》り」を業《なりわい》としていたが、地曳網《じびきあみ》を持ち、船方《ふなかた》や曳子《ひきこ》（引き手）を集めて操業させていた。

明治九年（一八七六）の小田原町の産業統計資料で、二位の大工五十、三位鳶《とび》職三十九、以下桶職十四を引き離して二百八十九の漁業は、明治十八年には三百十六と増加し、益々発展の兆《きざ》しを見せている。

この中心産業である漁業に伴う鮮魚の運送について新しい方法手段を模索《もさく》し、すでに馬車による運送が実施されていたが、東京までの時間的な関係から鮮度に問題が生じ、同六年十一月に東京日本橋（魚河岸）の三人の業者と小田原千度小路の山口喜兵衛とが、小田原・東京間を借切り馬車で運送する願いを提出したがそのまま止《とど》め置かれた。

良助は育つにつれ、総領《そうりよう》っ子として生れた兄喜之助とは対照的な性格となり、父喜兵衛を早く失ったせいもあってか、何でも自分の物にしたがった。総領から当主となった喜之助は、家業に励むかたわら他人《ひと》の面倒をよくみたが、幼児から不羈奔放《ふきほんぽう》をほしいままにした良助は、いつの間にか「鬼の良助」の異名をもらった。

次々と絶え間のない居候《いそうろう》を快く置き、箱根を越えて来たものの路銀《ろぎん》（旅費）をなくしたり、体調をくずした旅人を見ると家に入れ、業《なりわい》の一つとしていた家伝の秘薬を与えたりして親身になって世話をした喜之助は、いつしか「仏の喜之助」と人の口の端に上り世間では、この兄弟を「仏の喜之助。鬼の良助」と呼んだ。

勤王《きんのう》、佐幕《さばく》の風雲急を告げる元治《げんじ》元年（一八六四）、十六歳で徒手空拳《としゆくうけん》独立、魚座商人が軒を並べ人がひしめく代官町（現、本町三―一三―四八）に分家し、心機一転漁業に精励し、爾後《じご》、小台網を経営して当たり、巨富《きよふ》を手にして今太閤《いまたいこう》の名を取った。

良助、フサの夫婦は、二男三女の子宝に恵まれ、子女の教育にはことのほか熱心で、出費をいとわず子女のすべてを尋常高等小学校に入れ、良助三十六歳の時に授かった長男要之助（明治一七年一月二五日生）を後年、第五高等学校（現、金沢大学）に入れた。

しかし、漁業は、水もの。大漁、豊漁が、いつまでも続くはずはなく、明治二十年代に破綻《はたん》を来《きた》し、漁業に見切りをつけて家屋敷を処分し、乾坤一擲《けんこんいってき》箱根芦ノ湖畔（現、箱根ホテル敷地内）の一角に外人客を目当てにホテルを創業したものの、時に利あらず頓挫《とんざ》し、ならばと須雲川に姫鱒（ひめます）の養魚場を計画したが、計画の過程で挫折《ざせつ》した。

好事魔《こうじま》多し。明治二十五年、三十三の女の厄年を迎えた糟糠《そうこう》の妻フサに先立たれ、遣《や》ること為《な》すこと思わしくなく、四面楚歌《しめんそか》の中で夢を託していた長男要之助が、卒業間近の明治三十八年一月二日に二十二歳の若さで、駆けつける親兄弟も待たずに急逝《きゆうせい》してしまった。

良助は、涙の乾く間もあらばこそ、新しい事業を文明開化の本家本元の横浜に求め、一家を率いて断腸《だんちょう》の思いで小田原を後にした。

心機一転の横浜も、なかなか思う様にはいかなかったが、同居している長女のフミが、先年一ヶ月で早世した長男に次いで明治三十九年九月二十一日に二男の定雄を出産したので、長かった冬が終わり、やっと春が訪れて来た。小康《しょうこう》を得る中で、良助は、いつしか喘息《ぜんそく》が持病となり、しかも悪化してきたので、横浜を引き払って郷里に引き揚げることにした。

しかし、住む家とてなく、やむを得ず御用邸《ごようてい》の北門の近くの空き家を借り、小八幡《こやわた》の川辺漁場の鰤敷《ぶりしき》に関与していたりしたが、喘息は悪化の一途をたどり、孫の定雄や三女のヨシの幼い清《きよ》とのお堀端散歩の楽しみも奪われて、風雲児として生まれ落魄《らくはく》にめげず、先を駆け過ぎた先駆者山口良助は、六十九歳を一期《いちご》として大正六年（一九一七）ほころびかけた桜を待たず、三月二十二日の夜十時、天翔《あまか》ける夢を抱いて冥界《めいかい》に赴いた。

諡名《おくりな》は、『海譽寶山居士』。

浄土宗不老山寿松院無量寺（本町三―一三―五三）の墓地には訪れる人もないが、先立った妻、俗名フサ『光譽妙照大姉』と共に、長女のフミを始めとする子孫、とりわけ三女のヨシが嫁《か》して野口と姓を変え、ご先祖の地に眠りたいとの遺志で隣に位置し、施主定雄氏は和歌山市、同じ野口清《きよ》さんは東京と離れて香華《こうげ》もままならぬものの怠りなく供養され、寶山居士は、妻や子、孫、曾孫《ひこ》に囲まれたお浄土で、転生《てんしょう》の日を心静かに待っている。
良助死去の前後に、新天地を求めて満州へ行った両家は、野口家は身一つでかろうじて引き揚げてきたが、山口定雄氏夫妻は、山中を逃げ惑う逃避行《とうひ》を重ね、収容された後に二歳の長女智江を亡くし、一旦埋めた亡骸《なきがら》を掘り起こして荼毘《だび》にふした遺骨を胸に抱いて故国に引き揚げ、以来子宝に恵まれず、夕空を仰いで満州を偲《しの》びときおり
「太閤《たいこう》さんの孫が、そんなことじゃしょうがなかんべえ」
と、他人《ひと》様によく言われた遠い昔を、懐《なつか》しく思い出している。

早川地区の古老は、この紀伊神社に新網の絵馬もあったと言うが、今はない。

そもそも、絵馬とは。
神社、仏閣などに祈願または報謝のため、馬その他のものを描いて奉納するの一種で、絵師の手になる大絵馬（納額、額絵馬）といわれるものから、名もない職人の手になる小絵馬にいたるまで、その形状、種類など多様にわたっている。
絵馬の起源については、一般に『神道名目類聚抄《るいじゅうしょう》』に「神馬を牽《ひ》き奉る事能《あた》はざる者、木にて馬を造り献ず、造馬の及ばざる者は馬を画きて奉るなり、

今世俗馬にあらで色々の絵を図して献上する事になりぬ」とあるように、古代においては、生き馬を幣帛《へいはく》とし、あるいは、祓料《はらいりょう》として神に献上したが、一方その代用として土馬、木馬、紙馬などが行われ、さらにそれが転じて絵馬となっていったと考えられている。

板に描いた馬が一般に行われたことは『今昔物語』その他からも知られるが、鎌倉時代以降に一般化し、また三十六歌仙額など馬以外のものを描く風が盛んになり、室町時代から江戸時代になるといっそう各種の内容が盛られ、いわゆる凝《こ》り絵馬となり、絵師に描かせて奉納するようになった。

これまでで最も古い絵馬は、静岡県浜松市の伊場遺跡出土の奈良時代末（八世紀後半）のものとされていたが、約六万点の木簡が出土した長屋王邸跡の北隣に位置する平城宮東院南方遺跡（奈良市法華寺町）から今般、それより古い天平《てんぴょう》八〜十年（七三六―七三八）の年号が記された文書木簡《もんじょもっかん》などと共に、縦十九・五センチ、横二十七センチ、厚さ七ミリの檜《ひのき》の板に、ベンガラ（赤色顔料）や白粘土、銀泥などを用いた極彩色の珍しい右向きの絵馬が出土した。

【参考文献】

小田原昔話　田代　亀雄
世界大百科事典　平凡社

読売新聞

早川紀伊神社の奉納絵馬（二）

夏の朝まだき。六尺（褌）一本で、一斉に沖へ向かって漕ぎ出すこの絵馬の構図は、一本釣りから根拵網《ネコセー》（定置網）までのあらゆる漁具、漁法を駆使した当時の殷賑《いんしん》を基盤に据《す》え、艪張《ロバリ》りの船であるが故に、帆を積まぬ根拵船《ネコセブネ》と、キチゲエヨウキ（異常気象）でもなければ風は無く沖へ向かって帆を行《や》れぬ時季を的確に捉《とら》え、

「……漁船四十七艘あり、村民農間には、漁業を専《もつぱ》らとす、漁者の中、與次兵衛と云《いえ》る者の祖は、寛永中（十四年、一六三七）紀州（和歌山県）大崎浦より當村に来り、鯔《ぼら》を漁することを、始て村人に教えしと云《いう》、今に本國の戸籍に列《ならべ》り、當所をば出張所となせり、又與七郎と云る者の祖、慶安中（一六四八―一九五二）泉州（大阪府）堺の浦より移住し、長縄と云を工夫し、漁魚を得ること多しと云……」

と、『新編相模国風土記稿』（天保十三年、一八四二編）にある鯔網《ぼらあみ》與次兵衛《よじべえ》（田広氏）は別格としても、同じ真鶴村で

「〇舊家臺右衛門　代々里正《さとおさ》を勤む、臺右衛門及村民半左衛門の二人は、

當村の草分のものと稱す、頼朝七騎落の時彼等が祖《そ》相謀《あいはか》りて、鵄《しとど》の窟《いわや》に潜居せしめ、麁食《そし》（質素な食事）を参せしに数日の飢《うえ》を療《いや》せしかば、其味美にして五味を兼しとて直《ただち》に氏を賜ひ、五味を名乗《なのり》しなど傳へり、……又臺右衛門、文政七年（一八二四）一大網を工夫し、長十四五町の間海底に下《おろ》し置、別に一嚢《のう》（袋）添、日々其嚢中に諸魚を得ること甚《はなはだ》多し、是を底魚網《そこうおあみ》、又ねこそぎ網（大小の魚漏さず得るを以て名づくと云、網の目五分〈一・五センチ〉より二間〈三メートル〉に至る）と唱ふ、近村是が為に漁業を減ずるに至る、據《よっ》て春二月に始め、秋七月に及びて是を止む、領主へ税を納む、（年毎得る所の魚、其十分の一を値千金に及ぶ、税とす）」

（同資料）

とあるので、他に諸説あるものの、この五味台右衛門が張り立てた根拵網を定置網の元祖とし、幕末から明治期にかけて西湘地方に乱立した。

あたかも二十年代に入ると統合の機運が生じ、その規模を大きくして標記の様に『根拵大網《ネコセエオオアミ》』に発展した。

網元（金主元・経営者）鈴木善左衛門は、（万年二丁目二九六番地、現、浜町三―二九六）鈴木安太郎の長男として、安政五年（一八五八）三月二十五日に出生した。

鈴木家は、父安太郎の代にすでに漁業に進出していたというが、善左衛門が嘉永《かえい》二年（一八四九）に創業されたといわれる早川の根拵漁場の経営に乗り出したのは、明治二十四、五年（一八九一―二）だといわれ、以後、明治三十八年（一九〇五）大漁を祝ってこの絵馬を上げ、船方一同に万祝着《マイエー》を着せて大山か成田山か、はたまた伊勢か、どこかへ遊山を兼ねてのお参りをしたと思われるが、一貫して経営したかどうかは、初期の資料が得られないので定かでない。

善左衛門は漁場の経営と共に、明治四十年（一九〇七）三月十日に、小田原に山田又市、山田小兵衛、二見初右衛門と三つの魚市場のあったその一つ、二見初右衛門の魚市場を、広沢利三郎・高瀬善次郎・日比谷藤助・松本福昌・大木喜三郎・今井徳左衛門との七名が発起人となって株式会社小田原魚市場を設立して買収し、取締役社長に就任して、同年四月三十日より営業を開始した。

一方、漁場の経営は、好不漁の問題だけでなく、当時の資材や技術では、しばしば時化《しけ》や急潮での流出や破損があり、また現行の漁業法とは異なって、幕政時代に年貢の貢納によって漁業権を得ていた者の子孫等が権利を有し、何ヶ年間いくらという契約に基づいて場代金《ばだいきん》（賃借料）を支払って網を張り

郵便はがき

257-8790

料金受取人払郵便

秦野局
承認
1113

差出有効期間
平成32年2月
29日まで

神奈川県秦野市東田原二〇〇-49

夢工房 行

お名前	性別	年齢
ご住所 〒	電話	
ご職業 または 学校	購入書店名	

※個人情報の目的(夢工房出版物のご案内)外使用は行いません。

愛読者カード・注文書

ご購読ありがとうございます。お手数ですが下記アンケートにお答えいただければ幸いです。今後の出版活動に活用させていただきたいと思います。

夢工房

書名

本書についてのご感想

小社へのご意見など

購読申込書〈小社刊行物のご注文にお使いください〉送料小社負担

書名	冊	書名	冊

※お支払は本が届いた後に郵便振替でお願いします。

立てたのである。

以後、明治四十四年（一九一一）になると、横浜貿易新報（現、神奈川新聞）は、小田原から片浦へかけての漁場問題を記事として扱い、一月十二日からは早川漁場の権利をめぐっての種々の争いのあることを報じている。

この年、真鶴には、明治四十二年十一月十日に県より鰤大敷網《ぶりおおしきあみ》の張り立ての認可を取り、三十三歳の若さで鰤網経営会社を設立し、日高式鰤大敷網を初めて相模湾に導入して翌明治四十三年一月二十八日に操業を開始し、堂々と相模湾の鰤敷《ブリシキ》の嚆矢《こうし》となった青木寿郎あり、一年遅れて岩江（岩・江の浦）に、明治四十四年二月、二万四十円の資本を投入して張り立て、操業を開始した青木忠蔵、そして、その後ろに漁獲物の販売を条件に融資をした魚市場の山田小兵衛と、山田又市が居た。

同年操業開始の米神は、善左衛門の独力経営で、問題の早川は、根拵網の半分を善左衛門、半分を早川の漁師一二五名が権利を有し、その背後に山田又市が控えている。また、早川の小台網は善左衛門が権利を有し、地元の新聞のうち『東海新報』は鈴木派で、『豆相新報』が反対派であると、横浜貿易新報はきめつけている。

東に目を転ずれば、明治三十五年（一九〇二）創業した小八幡漁場に、同三十八年、㊋川辺漁業部を興して乗り出し、後年（大正元年、一九一二）相模湾へ大謀網《デーボウアミ》導入の先鞭をつけ、大きく当てる大地主川辺正之助が、鋭意その大謀網《だいぼうあみ》を研究中であった。

一方、善左衛門は、その後早川の根拵網の残り半分の権利を早川の漁師から買収し、早川漁場の経営の一本化に成功したが、鰤網が他で盛んになったため早川でも張り立てようとしたところ、その権利をめぐって村山揆一との間で訴訟が始まったという。

明治三十六年（一九〇三）七月十一日に東京帝国大学法科を卒業し、文官高等試験合格後農商務省に入った長男英雄が、日本最初の女学校といわれる日本女学校を卒業したばかりの鶴岡わかと結婚して東京に住み、同三十九年四月長男英武が誕生し、翌四十年（一九〇七）四月一日父善左衛門にあてた転居の通知には、相模国小田原在早川村根拵納屋《ネコセエナンヤ》と書かれ、大正二年（一九一三）一月十五日の書簡の宛先は、神奈川県足柄下郡早川村大敷網納屋《おおしきあみナンヤ》となっており、善左衛門が泊まり込みで打ち込んでいる様子がうかがえる。

大正二年一月七日の横浜貿易新報は、「元日の網入れ」として

「足柄下郡米神村の鰤大敷網は、元日の網入れをした。何しろ四、五町に余る大網であるから、元日は僅かに網先を入れたにすぎない。百余名の漁師が網主から出た揃いの赤手ぬぐいの向こう鉢巻で、十余艘の船に

乗組んでヤッサ声で働く。頗《すこぶ》る壮観だ。かくて二日・三日と経て四日にようやく全部の網入れを終った。……」

とその模様を、報じている。

前年度（一九一一）より真鶴沖網鰤大敷網の営業権を手中に収めていた善左衛門は、翌大正三年（一九一四）一月この漁場で鰤の大漁に恵まれ、横浜貿易新報によれば、一月中の真鶴漁場の純益は七万円（小売値段で米が約三七〇〇石買える）と報じ、このことについて、鈴木の経営に移りてより良好と、評価している。

その後、この年は一般に鰤の大漁年で、二月には大漁のため、仲買人が送りに使う箱の注文が殺到し、小田原中の箱屋が注文に追われて休みがとれぬと、その好況を伝えている。

そして、六月三日の紙面では、この期の鰤の売上げは、鈴木三〇万円（早川・米神）、両山田一七万円（岩江）、川辺五万円（小八幡・酒匂）で、善左衛門の収益が他を大きく離していると報じているが、この記事は真鶴を落としているものの、早川が、根拵大網で若干の鰤を捕っていることを示している。

この年、東には既に操業中の前川（小田原市）あり、その先に、この一月から吾妻銀行の資本で創業した二宮漁場ありで共に大漁をして、万祝《マイエー》着を着ると言う黒字の祝いをしている。

西には、伊豆山、そして、販売特約をなした故に相当の資金を供給している熱海、網代、伊東、川奈、北川《ほっかわ》等に張り立てられていた。

この好況に刺激され、繰り返してきた争いの無益を悟った早川村漁業組合、小田原町漁業組合、片浦村石橋漁業組合は妥協し、四月三日三者間で契約が成立した。

三者は共同して定置漁業鰤大謀網又は、鰤大敷網免許出願に関し、その目的を掲げ、第一項で

「……（三者は）、共同して左記漁業区域内に於て、毎年一月一日より五月三十一日迠《まで》定置鰤大謀網又は、鰤大敷網張立免許出願を為すこと。万一同区域内に於て免許を得ざる時は、小田原町地先海面に免許出願をなすを……（三者）は、毫《いささか》も異議申間敷事」

と書き、肝心な場所こそ特定されていないものの、第二項で

「前期出願に対する共同組合の共有持分は、早川村漁業組合は十分の六、小田原町漁業組合は十分の三、片浦村石橋漁業組合は十分の一とす。但し、小田原町地先海面に張立つ時は、……」

とあり、早川村地先であることは明白である。

そして、この蔭には、激烈な漁場争奪でこれほどの成果を上げた真鶴と米神の漁場の翌大正四年（一九一五）の借入れで山田系に敗れ、この早川一本に賭け全力を尽している善左衛門がいる。

しかし、その奮闘努力のかいもなく、同年十二月二十九日付の

「明治四十四年八月神奈川県令第四十八号神奈川県漁業取締規則第二十一号の、鰤大敷網の設定については二千間《げん》（三〇〇〇《メートル》）の距離を要するとの規定に満たず」

との一片の通達で不免許となった。

そこで善左衛門は、その規定を逆手《さかて》にとり、その第二十二条の利害関係者の同意ある場合に於てはその設置を免許するという条項と、先に米神鰤大敷網経営中の明治四十四年十一月、米神漁業組合及び根府川漁業組合より差し出させたる、他日早川沖に鰤大敷網が免許せらるるも異議なき旨の念書を武器として、新たな係争を開始した。

この裏には、善左衛門の台頭に不安を感じ、やがてその不安が的中して、大きな脅威《きょうい》と受け留めている、魚市場としてはたまた漁場の経営者としての宿命のライバル山田又市、山田小兵衛がいて、両者は生き残りを賭けて次第に提携の度を深め、やがて合併して両山田魚市場となっていく。

政変のある度に、その影響が地方にまで及ぶ時代に、政友会と反政友会と

に分かれて、同じ事業にそれぞれ精励して覇《は》を競う中で、この係争は長引いた。

折しも、大正四年（一九一五）七月二十八日付の『横浜貿易新報』は、鈴木善左衛門を政友会の頭目と評し、目下動脈血栓を患い半身不随と報じている。

農商務省の会計課長を務めている長男英雄は、大阪にいる弟三郎への十月五日の書簡で、自分が経営している塔ノ沢の環翠楼《かんすいろう》で病臥《びょうが》中の父について

「箱根又漸次快方ニ候得共、病気ノ性質上捗々《はかばか》敷カラザルハ遺憾《いかん》千万《せんばん》ニ候。右ノ結果幾分元気消沈ノ体ニ候ハバ心痛致居リ候」

と、病状の恢復《かいふく》が思わしくなく一同苦悩している様を伝え、さらに筆を継ぎ

「美誠《よしのぶ》君本日十日頃東京世帯ヲ畳ミ、帰塔セラルル事ニ相成リ候。誠ニ将来ノ発展ヲ犠牲《ぎせい》ニセラルル次第ニ付、気ノ毒ニ堪えず候得共、一同のため決心相成候。兄弟ヨリ感謝致サネバ相成らずト存候。……」

と、その胸中を、吐露《とろ》している。

そして、その苦悩の中に、依然として免許の下りない早川漁場がある。

翌五年七月の発表によれば、足柄下郡の水産物水揚高は一五五万九一五三円で、前年より一〇万二八〇〇円の増加であり、農産物が一六九万一〇二九円で、前年より六万三〇〇〇円増加しているものの、両者の就業人口の比で、

農業より漁業の方がはるかに生産性が高いとされた。

この頃、下郡内での漁業専業者は、一九〇七人である。

鰤漁は、次の三漁場の統計がある。

真鶴　二万二九五七尾　三万二九一七円
岩江　一二万三五〇〇尾　一三万〇八五〇円
米神　一〇万八〇〇〇尾　一三万八八〇〇円
この漁獲尾数と金額との比率の違いは、寒鰤《かんぶり》を捕ったか春鰤《はるぶり》を捕ったかを、価格の対比で如実に示している。

すなわち、真鶴は寒鰤だけ、岩江はそのほとんどが春鰤であり、米神は寒鰤も捕り、春鰤も岩江に負けずに捕ったと思われる。

しかし、この数字の外に、歩合給から生まれた必要悪のドウシンボウがある。

心を一つにすることで同心はわかるものの、はかりごとを巡らすから陰謀の謀だんべえという説と、なあに、泥棒の棒だという説があったが決めるよすがのあるはずもなく、船方《フナカタ》が隠して盗むのを防ぐために、親方《オヤカタ》（経営者）は監督を置き、その人数は、その漁場によりまたその時々の違いはあるものの、船方の人数の一割五分から二割方いた。

この言葉は、定置網の漁法と共に伝わって来たものと思う。

一方、鈴木は、病床にある善左衛門に替わって、二男の美誠がその事業を統轄《とうかつ》していたが、早川の新規出願を巡る抗争は熾烈《しれつ》を極め、善左衛門は、訴願人早川漁業組合理事加藤千次郎、同小田原漁業組合理事大木勘十郎の連名で、東京、小田原計四名の弁護士を代理人として農商務大臣に訴願した。

その結果、大正六年（一九一七）二月九日水第二九九号裁決書という形で、訴願の要旨を認め、

「……神奈川県知事の為したる大正三年十二月二十九日附内農第二〇五八号定置漁業台網類鰤大敷網漁業不免許の指令は之を取消す。

神奈川県知事は訴願人に対し右漁業の免許を与ふべし。

年　月　日　　農商務大臣　仲小路《なかこうじ》　廉《れん》㊞　」

という朗報が届き、一同欣喜雀躍《きんきじやくやく》し、その目的に邁進した。

しかし、この逆転劇には、裏がある様である。この前年十月政変があり、山縣有朋、大山巌、松方正義、井上馨、西園寺公望の元老会議で推されて待命を受け、その中の井上馨の格別の支持と、山縣派の官僚勢力と反政友会の国民党、中正会、同志会を基盤として大正三年四月十六日組閣した大隈重信が、その前の山本内閣のシーメンス事件を攻撃して大隈に声援を送り続けた新聞に批判的になられ、その間に井上馨も亡くなり、山縣派の官僚勢力が、政友会退治や二個師団増設の役割を終えた大隈をじわじわと追い落とす策に

出たため、粘りに粘った末に総辞職した。

後継は、二転三転のあげく朝鮮総督寺内正毅《まさたけ》に決まり、組閣した。

政友会は、表面中立を装って協力し、純然たる官僚内閣の超然内閣と評された仲で、農商務大臣仲小路廉は、政党との関わりを持つべしとの強硬派であり、その翌日、野に下った党派で結成された憲政会との対決で、なお政友会に寄っていく。

翌大正六年（一九一七）一月、再開された議会で解散、総選挙になると、寺内内閣は憲政会打破をめざしきびしい選挙干渉を行ったが、それはそれ以前に原敬が政友会総裁として内務大臣後藤新平に対して、大隈内閣が選挙干渉のために配置した地方官をそのままにしておいては、公平な取り締まりはできないとして、郡長や警察署長を更迭《こうてつ》することを勧告し、特に憲政会の買収を取り締まるように要望した。

そして、『原敬日記』には、政府筋が、憲政会に加わらなかった犬養毅の国民党に対して、選挙後には協力するだろうとの見通しで、炭鉱主の安川敬一郎に七万円、鉱山成金の久原房之助に三万円を出させ、ある貴族院議員を通じて寄付させたと記されている。

大正三年一月に操業開始した二宮鰤大敷網の陸仕事《おかしごと》（張立準備作業）で、

毎日夜の明け切らぬうちから五、六十人、小八幡の本多縄屋《なわや》へ加勢に行き、浜で藁縄を打ち、出来上がったその縄を馬力《ばりき》（馬が曳く車）に積み、朝曳いて行った大八車《だいはちぐるま》にも積んで来て使ったそうである。

網類は、ほとんど藁で、網も魚群を遮断《しゃだん》して箱網《ハコアミ》に誘導する垣出網《カケダシアミ》は申すに及ばず、入網した魚群を捕る箱網も、網目の小さい奥半分だけが麻網で、前の半分は二尺（六〇センチ）から三尺の藁網であった。

藁綱《わらづな》の直径は、最大一尺二寸（三六センチ）。耐用月数は、海水温の関係で夏と冬との差があり、また漁期との関連もあって、これらの網は、一月から五月、六月から八月、九月から十二月という期間で張り代えていたようである。

善左衛門が情熱を注ぎ、そのすべてを賭けた早川の鰤網は、塔ノ沢環翠楼に臥《ふ》す善左衛門をおもんぱかる一同の夜を日に継ぐ作業に加え、この頃から藁綱に代わるマニラ・ロープと五分（一・五センチ）から七分（二・一センチ）のワイヤー・ロープの使用が幸いして作業がはかどり、大謀網で張り立て二月二十六日に網を入れた。『横浜貿易新報』は、三月一日付の紙面でその模様を次のように報じている。

「◎鰤　来　る！

▲三千五百漁獲

四、五年来《らい》問題となり居《おり》たる彼の早川漁場の鰤敷網《ぶりしきあみ》は、愈々《いよいよ》塔の沢鈴木善左衛門に依って着手せられ、去廿六日を以って其網入れを終わりたるが、其翌日即ち廿七日に至り三千五百尾と言う昨年来初めての大漁あり。市場の仕切相場一尾一円五十銭を呼ぶに至れり、尚同地方は数日前より降雨あり……」

時季が時季とはいえ、初網でのの大漁であるが、さかのぼって二月二十八日の紙面には、なんと、鰤網《ぶりあみ》に大鮪《おおまぐろ》という活字が踊っている。

「▲一尾五十貫の大物

▲三百五十本の収穫

県下の鰤網は、昨年来収穫皆無なりしが二十六日夕刻、足柄下郡真鶴地先の鰤網に一尾五十貫平均の大鮪三百五十尾（価格二万円）の漁獲あり。内三十五尾を東京に送り、其他は小田原市場へ搬出したるが、県下の鰤漁場に於ては鰤以外としても今時の鮪漁を以て第一の漁獲なり。尚気候も数十日来初めて雨を見たるのみならず伊豆方面に於ても、鰤は数百尾入網ありたる程なれば、三月に入らば多分漁獲あらんかと云えり」

この予想が的中しての早川に於ける初網初漁となったのであるが、これは鰤漁場としての早川の優秀性を示すもので、大正六年から八年に掛けての不漁と語り伝えられるその中の七年の鰤漁の成績を見ると、足柄下郡の水産物は年々産額を減少し、斯業者《しぎょうしゃ》をしてますます悲観せしめつつあると前置きして、次のような数字をあげている。

水揚高	一〇二万九三一貫
価格	一七九万四四四四円

この内、種別の主なものは

鰤	六〇万六〇〇円
鯵《あじ》	三〇万五四〇〇円

鰤を漁場別に見ると

小八幡	四万二五〇〇尾	八万九二五〇円
真鶴	二万五〇尾	三万九九三二円
早川	三万七三一一尾	六万六二二一円
岩	二万三七九〇尾	四万七一九〇円
米神	一万一五〇〇尾	二万三〇〇〇円

で、真鶴はその他の魚の合計が七万二三三〇円に達し、この中で鮪の漁獲が非常に多く鰤を引き離す勢いであったとされ、鰤の下郡合計は、二、三年前の小八幡一か所に及ばないとし、中郡の鰤敷大謀網は、大磯町の二か所が休業であり、

須加《すか》（現、平塚市札場町）

　　　　四万三一〇七尾　　七万六六四一七円

二宮

　　　　二万五四四八尾　　四万六六五七〇円

で、下郡と大差ない不漁ぶりであったと、『横浜貿易新報』は報じている。

しかし、この不漁という言い方は、空前の豊漁をした後の不満が言わしめた語であって、近年のゼロに近い不漁とはおのずから意味合いが異なる。

ちなみに、「神奈川県統計書」をひもとけば、鰤は、大正三年、一〇五万七四五八貫、同四年、一二三万八八八貫、同五年、一六八万九一四七貫、同六年、五六万四一七四貫、同七年、六七万三〇一四貫であり、これを一本二貫四百匁（九瓩《キログラム》）平均として換算すると、大正三年、約四四万六〇〇〇本、同四年、約五一万三〇〇〇本、同五年、約七〇万四〇〇〇本、同六年、約二三万五〇〇〇本、同七年、約二八万五〇〇〇本となり、これらの鰤が三浦郡から足柄下郡に至る相模湾で捕られ、その七〇%から七五%が足柄下郡で漁獲されているが、大敷網から大謀網の成功で漁場が増え、一漁場当たりの漁獲量が減ったことが、その背景にあるのは否《いな》めない。

この大正初期を資源的に見ると、黒潮に乗って北上する鰹、鮪も大漁で、逆に産卵のために南下して来る鰤も大漁が続き、しかも鮭《さけ》が相模湾で五年に約一〇万六千貫、六年に約一一万六千貫捕れている。

しからば、漁師は皆その恩恵を受けて豊かになったかと思えばさにあらず、営み、あるいは従事した業種によって浮沈があった。

一例を上げれば、鮪。明治の後半、捕れなくなった鮪を追い求めて艪《ろ》と帆で黒潮へ乗り出し、子浦を根拠地として沖へ沖へと出て延縄《ハエナワ》を操業し、風向きによって沼津へ小田原へと水揚げしていた縄船《ナワフネ》が、不漁の中で前川の滝沢の船と千度小路の与五兵衛《よごべえ》の船の相次いでの遭難により、以後出漁を見合わせ、必然的に操業中止の船が多々出た直後の湾内に於ける鮪の豊漁である。

与五兵衛の船での二十八歳を頭に十六歳まで七人の若者の空墓《からばか》は、代官町の無量寺にあり、「明治四十四年四月四日　伊豆國新島近海漁業中　暴風雨逢遇漁船転覆難罹《かかる》　乗子七名溺死」と記され、戒名と俗名、行年が刻まれ、漁業の栄枯盛衰をひっそりと見守っている。

世の中は、大正三年（一九一四）七月二十八日、第一次世界大戦が勃発《ぼっぱつ》し、わが国も八月八日に参戦を決定してドイツに最後通牒《つうちょう》を送り、二十三日正午までの無回答により宣戦《せんせん》し、青島《ちんたお》攻略等の作戦行動を開始した。

これは、おりからの不景気に拍車をかけ、輸出品の中心をなす生糸と綿糸の相場は、その年の暮れまでに三割前後も下がり、繭《まゆ》の値段はこれに輪を掛けて暴落し、開戦前に一石（約一四二キログラム）当り十六～十八円だった米相場も十三、四円に下がった。

しかし、翌四年の中頃になると、わが国の経済は輸出の増加をきっかけに好況に転じ、下半期になると軍需品の輸出がますます増大した上に、大戦景気で好況を迎えたアメリカへの生糸等の輸出が激増し、戦争でとだえたヨーロッパ諸国の商品に代わってわが国の商品が、中国はもとよりインド、東南アジアから遠くオーストラリア、南米諸国まで進出した。

こうした情勢を反映して物価が騰貴《とうき》し、船舶が引っ張りだこで海上運賃が急騰して金属類の騰貴が特に激しく開戦前の三倍にもなり、鉱山成金《なりきん》、船成金を始めさまざまな成金を生んだ。

しかし、この好況によって鉱工業に就職する者が激増して都市の人口が増え、これまで麦や稗《ひえ》を用いていた農家も養蚕《ようさん》等による収入の増加で米を食べるようになり、酒造米の消費も増えたにもかかわらず農村の労働力は不足し、六、七年の米の生産量は低下した。

しかも、当時の地主制の下では、小作人は収穫の過半を小作料として、地主に納める慣習であり貧富の差は激しくなるばかりで、社会不安は増大していったのである。

他方、大戦のために南京米（外国米）の輸入が大幅に減り、その上、四年から大量の内地米が輸出されたために、六年の秋から七年に掛けては在庫米が著しく減少したので、暴落したままだった米価は、六年の一月にやっと一石十五円を越えたが、六月には早くも二十円を越え、翌七年に入っても連騰《れんとう》し、七月には三十円台へと暴騰《ぼうとう》していった。

こうした世情の中で民衆は、売り惜しみや買い占めによって大きな利益を上げている地主や米穀商人や成金、高利貸等への怒りを湧き立たせ、零細《れいさい》な漁師の収入が一日平均五十銭で、米が一升《いっしょう》（約一・四キロ《キロ》グラム）四十銭ではやり切れぬと、七月二十二日の夜、富山県下新川郡魚津町の漁師の女房が井戸端会議で話し合い、翌二十三日の朝集団で米の出荷中止を要求し、資産家や町役場へ救済を哀願したのをきっかけにして、米騒動が起き、安売りの哀願から寄付の強要、そして打ち壊し、焼き打ちと進み暴動と化し、全国へ波及していった。

この騒動の起きた場所は、一道三府三七県にわたり、三八市一五三町一七八村計三六九か所に上り、参加した者は百万人以上と推定され、軍隊は、三府二三県百か所以上に出動し、延べ五万七千人以上と推定されている。

ちなみに、近代史上、国民に対してこれほど巨大な兵力が投入されたことは、後にも先にもなく、鎮圧《ちんあつ》のためとはいえその銃口から国民の死傷者を出してしまったのは、窮《きわ》まりなく遺憾《いかん》である。

この状況下で、寺内首相は八月末に辞意を固め、九月二十一日正式に辞表を提出した。

そして、二十七日にはついに政友会総裁原敬が組閣を命じられたが、政党の党首という資格で首相に任命されたのは初めてであり、爵位《しゃくい》を持たない衆議院議員が首相になったのも初めてである。故に、国民は胸のすく思いで平民宰相《さいしょう》と呼び、歓迎した。


十一月十一日、四年余り続いた第一次世界大戦の休戦が実現すると、すぐに景気の反動が起き、成金が激しい打撃を受け次々と没落したが、翌八年三、四月頃には不況も底をつき、大戦景気を上回る熱狂的な戦後景気が訪れた。


善左衛門の終生最大のライバル山田又市は、大正七年の五月四日幽冥境を異《こと》にしていたが、翌八年四月十一日両山田の一方の雄小兵衛が胃癌《いがん》のために、享年六十三歳を一期として又市を追うかの如く鬼籍に入った。

そして、久しく病床にあった善左衛門も、同月二十三日不帰《ふき》の客となり、宿命のライバルは共に世代交代を余儀なくされた。

享年六十一歳。翌日の『横浜貿易新報』は。箱根の恩人――環翠楼《かんすいろう》主人逝《ゆ》く、という見出しでその死を次のように報じている。

「箱根塔ノ沢環翠楼主鈴木善左衛門氏は、中風症にて久しく塔ノ沢の自邸に加療中の所、最近病革《あらた》まり二十三日の午前十一時長逝《ちようせい》せり。氏は小田原藩士《マヽ》にして夙に箱根温泉の開発に留意し、前半生を傾倒し其の事蹟《せき》《じ》少からず、一面には真鶴・早川等の漁場を経営し県下漁業界の先駆者として貢献《こうけん》する所あり。凡《あら》ゆる公共慈善事業には率先尽力し、殊に細民の救済に努力し氏の恩恵に浴せし者挙げて数うべからず、真に隠れたる慈善家と言うべく、交際又広く故品川子爵・奥田男爵の諸氏とは身内の交《まじ》わりを結べり。子弟教養には特に意を注ぎ、現特許局長鈴木英雄氏は氏の長子にして、以下悉《ことごと》く大学出身後支那（中国）・大阪等にあり、法学士中村雅治氏はその女婿《じよせい》なり。」

その塔ノ沢の環翠楼は、明治十七年（一八八四）十二月に幸一丁目（現本町三丁目）の中田長兵衛から購入したもので、鈴木屋と称していたが、その後伊藤博文の命名で環翠楼と改めたものである。

また善左衛門は子福者で、明治八年二月十九日に結婚した妻ギンとの間に十男二女あり。自身が明治十二年（一八七九）七月二十二歳にして万年町代表として選出された小田原五か町連合の町会に続き、明治二十二年（一八八九）の町村制施行による小田原町の誕生で町会議員に当選し、二十四年六月二十日今井徳左衛門町長と、佐野善政収入役の辞職と行を共にするまで直接関わった政治への道は、次男美誠が継ぎ、昭和三年（一九二八）一月、普通選挙法施行後最初の総選挙に政友会から立候補することとなり活動中、政見発表会で倒れて急死し、身代りに長男英雄が立候補を要請され、二月二十日の総選挙に最高点で当選し代議士鈴木英雄が誕生した。

英雄は、その後昭和十九年六月から二十一年四月まで小田原市長を務め、その次男雄二氏が、戦後新憲法施行による総選挙で社会党から代議士となったが、政治家の系譜はさらに続き、八男十郎が昭和二十四年二月から四十四年二月まで五期、小田原市長を務めた。

一方、環翠楼の経営は、次男美誠から五男七郎を経て、強羅環翠楼と共に十男二六氏に委《ゆだ》ねられている。

魚市場は、漁場の経営と共に長男英雄が継いだが、政友会系の鈴木派に対し両山田派は憲政会系として対立し、この魚市場の競争は共倒れの危機とまで叫ばれるようになり、菊池足柄下郡長、今井広之助小田原町長らの仲介により、大正十一年十二月四日合併して株式会社小田原魚市場となった。

大漁に沸《わ》き不漁に沈み、その後紆余曲折《うよきよくせつ》はあったものの英雄と雄二氏は取締役から社長を歴任し、その間小田原魚市場は、昭和三十八年小田原漁港の誕生により、千度小路から移転して今日に至っている。

漁場の経営は、後に株式会社小田原魚市場に賃貸し、さらにその社長として善左衛門の遺志を生かし、遠く千葉県安房郡天津、茨城県那珂郡平磯、福島県小名浜、福井県三方郡瀬島、同佐美、千葉県鴨川、同羽佐間、同船形、近くでは片浦全般から真鶴、高浦、伊豆山、東は、前川、二宮、須賀(平塚市)、茅ヶ崎、辻堂等にその時その時進出し、昭和十七年十二月一日付で相海漁業経営組合として分離し、近年漁業の衰退の中で往事を偲ぶよすがはないが、十男の二六氏が善左衛門と長兄英雄の衣鉢を継いでその組合長と、株式会社小田原魚市場相談役、共栄定置漁業経営組合(米神、石橋、道合)組合長、五ツ浦漁業株式会社社長、(財)相模湾水産振興事業団理事長等々の役職を明治三十五年生まれの老齢を厭《いと》わず、矍鑠《かくしやく》として努めている。

かつて、相模湾の大型定置網は全国にその名を馳《は》せたが、その裏ではそれぞれ切磋琢磨《せつさたくま》し、他の漁場に負けじ、負けじと、互いに鎬《しのぎ》を削った。

その浦、その浜でそれぞれ異なったものの、四艘張網《シソウパリ》、根拵網《ネコセー》、小台網《コデー》、大敷網《オオシキ》等が、大正初期に導入された大謀網《ディボー》によって一括して旧式という呼び方に包含《ほうがん》され、昭和十年代に次々と落し網《オトシ》となり、戦中戦後、資材面や経費面から漁場によっては猪口網《チョコ》にした所もあり、やがて中層網《チュウソウ》、底層網《テーソウ》が導入され、今日に及んでいる。

「雨三粒《アメミツツブ》、波千波《ナミセンナミ》」

雨が降れば降るほど波が大きくなって来るのを承知で船を出し、網を揚げて魚を捕った。

指先がちぎれそうに痛い寒中、一面に白い牙《きば》をむき出して襲って来る西の風をものともせず船を横にして立ち向かい、上半身裸になり、その激浪を舷《げん》側《そく》に打たせ、頭からしぶきを浴び、身を切られる寒さに体中真っ赤にしてヤゴエ（掛け声）も高く網を揚げた。

しかし、その労苦は、その風にはためく大漁旗《マネ》で報われた。

そして、濡れた体をふき、着終わってからの温《ぬく》さと一緒に、大漁の喜びを実感したのである。

大正末期から昭和の初頭に掛けてのスルメイカの豊漁は、一尾二銭から五厘という安値を生んだが、この時、北海道から導入されたこのイカを捕る仕掛けにサッポロという名称が付けられ、長靴をはじめさまざまな製品が売り込まれたが、高価でとても買えず、やっと買ったものの大切に使い、合羽《かっぱ》はやむをえぬものの長靴は寒い間だけ、それも船を出したり揚げたりする時に履くだけだった。

それも、限られた者だけ。他の漁師からは羨望《せんぼう》の的となり、寒中は枯松葉や枯枝等を燃やして暖をとり「じゃあ、出すか」と、尻っぱしょりし、あるいは股引《ももひき》やズボンを脱いで船を出し、乾く間を惜しんで艪《ろ》を漕ぎ、交代で履いたが、尻っぱしょりは外すのに片手で済んだ。

市と町や村の違いはあるものの、町や村では戦後はおろか三十年代はまだこのような状況が残っていた。

家族で生活し漁をした家船《えぶね》のように、戦前は沖所帯《オキジョタイ》と称して昼夜海上で暮らし、決まっている朝夕とか朝昼夕とかの他に、ヤーレと称して魚が網に入ったと見れば、いつでも網を揚げて魚を捕った。

落し網《オトシ》になってからは、魚が入った後、出にくい漏斗《ジョウゴ》という返し網を付けた箱網を揚げるだけになったのでぐんと楽になったが、大謀網までは端から端まで揚げて絞ったので大変だった。

そのため「世帯持ちじゃあ、務まんねえ」と言われ、独り者揃いで、各漁場監督を除けば、妻帯者は二、三人かせいぜい三、四人しかいなかった。

この定置漁業もご多聞に洩れず、漁業の衰退《すいたい》の中で低迷している。

かつて昭和二十六年（一九五一）秋口に爆発的に鯵が増え、やや小ぶりの鯵を一樽（十貫匁、三十七・五キログラム）五十円で肥料として農家に売り、翌二十七年春から三十四年まで鰤の大漁が続き、鯵は依然として捕れ続けたが、そのごの不漁が高度成長にぶつかり、櫛《くし》の歯《は》を挽《ひ》くように若い漁師から陸《オカ》に上がり、あまつさえ中年者も後を追い、以後若年就業者はなくなり、中層《チユウソウ》網や底層《テイソウ》網への漁法の発展と省力化と、その直前からの資材の化繊への転換に救けられてきたが、老齢化はその極限まで進み、まさに風前の燈火《ともしび》である。

この絵馬の大船頭（漁撈《ぎよろう》長）柏木勘吉。外漁師一同、百余人とあるのは、網綱類はほとんど藁を用い、浮具として孟宗竹《もうそうだけ》を束ねて使い、網を固定させるために土俵を数千俵、何十俵づつまとめて沈め、船を出し、網を揚げ、魚を捕って積んだ船を浜に揚げる一連の作業を、すべて人の力だけでしたからである。

鮪や鰤の大漁で網が上がらなくなった時、はたまたそれらを積んで船が浜に揚がらない時には、声が良く唄《うた》が上手《うま》くてそのために歩合をもらってる漁師が木遣《きやり》を唄い、一同揃って囃子《はやし》を入れ、その結びで「ヤアッー」と、網や船を上げた。

そうーりゃえーえー〈ようっ〉

一で大山やーえ　〈そらやとこせーよいやなー〉　そうーりゃ　石尊《せきそん》様だ

ーぞー

よーおいとなあ　「ヤアーッ」

またこの唄は、最後の掛け声《ヤゴエ》を〈よーいとこ　よーいとこせー〉と変える

ことにより、オキアガリ（大漁祝）やマナオシ（大漁祈願）の場での祝い唄

として必ず唄われた。

なお、この唄は、越中（富山県）からの技術の導入に伴い、越中の漁師に

よって伝えられたものと思われる。

なぜならば、この唄は当地方では日浅く、『越中帆柱起し音頭』に酷似《こくじ》し

ているからである。

鶴村謹写と銘が入れられたこの絵馬は、明治三十八年と書かれた月日の欄

が空白ではあるが、六尺一本の裸身から判断して、七月二十四日の紀伊神社

の祭礼に奉納されたものと思われるが、その主意は奈辺《なへん》にあったのか。もとより、大漁、豊漁を安易に推量するが、この年は、二十七、八年の日清戦争に次いで、前年からの日露戦争に勝った年である。

朝日の海へ、勇ましい六尺一本に鉢巻きの姿で、無数の船が一斉に漕ぎ出すこの絵馬は、戦勝祝賀気分が背景にあったのではなかろうか。巷《ちまた》では「勝った。勝ったの下駄の音」とまで、口ずさまれた戦勝国日本。はるか沖の霞《かすみ》の向うに、おぼろげに見えて来た一等国日本へ、力を合わせて力強く漕ぎ出しているようにも見える。

【参考文献】

小田原市資料
小田原市史編さん室史料
新編相模国風土記稿
鈴木英雄伝記資料
横浜貿易新報
神奈川県統計書
神奈川県水産試験場相模湾支所資料
大正新聞収録史
日本の歴史23　大正デモクラシー　中央公論社

早川の揚繰網《アグリ》

明治末期から大正に掛けて、艪《ろ》と帆の漁船にエンジンが据え付けられて機《キ》械船《ケエセン》が誕生し、操業範囲が飛躍的に広がった。

この加藤岩次郎、本田彦兵衛、加藤金治郎を津元《ツモト》（経営者）とする揚繰網《アグリアミ》は、早川村で創始された網の系統で、後から操業された新網に対して元網と称している。

通常、古網《コアミ》が多いが、これは、各町村での本郷、本村、本町、元村、元町と同義である。

真網《マアミ》（左舷）、逆網《サカアミ》（右舷）それぞれの網船《アンブネ》が、二艘の機械船にそれぞれ曳《ひ》かれ、沖に出てからもやい、網の端を片船に渡してからげ終わると準備完了。魚群《ナブラ》を求めて血眼《ちまなこ》でマトリ（オオミズナギドリ）を探し、和《ワ》（西）、鹿島《カシマ》（東）、沖、陸《オカ》と大南《デエナン》（はるか沖）まで間切《マギ》り（航行し）、シコ（カタクチイワシ）を食う鳥に教わって、跳ね魚《ハネヨー》やミズ（海面がざわざわしている）、赤味《アカミ》（海面下に固まっている魚群で、チョコレート色）いずれかの魚群を見付けるやいなや全速力で接近、艫《トモ》のタカー（櫓）に乗って、潮の流れと魚群の動きを測っている高乗《タカノ》りが、それぞれ手にする紅白の団扇《ウチワ》の下知《げち》に従って、面舵《オモカジ》（右）、取舵《トリカジ》（左）し、両手の団扇をパッとひろげる開けの下知でもやい《モエー》を放し、左右に展開して藍《あい》色の海に円を描き、もやいを取って両船の網のすきまから逃げられぬようにオドシをぶっ込み、魚群がこっちへ向うと、竿で海面《うみずら》をたたいたり、石をぶっ込んだりしながら網を絞り、海を朱《あけ》に染めて鮪や鰹を捕った。

揚繰網は、この絵馬の場合、左下に見えるカンタ（大樽）が奥で、網は、奥だけ麻網で作り、網目がだんだん粗くなる他の部分は、藁のミゴ（穂先の部分）を撚《よ》った細い縄で結《す》かれている。

捕った鮪は、クロッツラ（本鮪）とキワダが主であるが、シビ（大きな本鮪）ともなると、当時の平均身長五尺二、三寸（一五六〜九センチ）の人が紡錘形をした魚体を跨《また》いで、その胴が股上《またがみ》に当ると、五十貫（一八七・五キログラム）の見当をつけ、五十貫の竿秤《さおばかり》で量れぬとなるともう一挺《ちょう》加え、二挺秤で量った。

この絵馬は、朝日と大島で、午前一時、二時に出漁して汽船の通う蒸気道《ジョウキミチ》での操業を偲ばせ、網を揚げている真網《マアミ》、逆網《サカアミ》二艘を引っ張る洋式の四、五十馬力かと思われる機械船《キケエセン》と、右下に位置する機械船との不揃いなどが、当時の操業形態を良く伝えている。

この年、この網が、大漁を重ねて万祝《マイエー》着を着た（黒字祝いをした）ことは、赤銅色《しゃくどういろ》に潮焼けした船方が、取りたての鮪や鰹の身がまだちぢれてごりごりしている刺身で昼飯を食い、若衆《ワケエシ》が船底に潜んで空になったおはち（おひつ）にその残りと称して人数分に切り分けて入れ、さらにオサイ、オカズ（お菜）として分けた鮪の切り身や鰹等を手にして家に帰ったことと、たびたびのオキアガリ（大漁祝）や水揚金を期日毎に歩合で分けた勘定《かんじょう》の時の一同の笑顔、笑顔は、「俺が。俺が……」の自慢の揚げ句、枚挙《まいきょ》にいとまのないほど。起きた喧嘩《けんか》と、中祝《ナカイエー》い、万祝《まいえー》があったことは、共に論を俟《ま》たない。

また子供らは、夕暮れ時になると三人五人と浜へ集まり、年かさの者が提灯《ちょうちん》を持ち、浜砂の上に小さな膝《ひざ》を揃えて、線香を一本立てた。そして口を揃えて唱え出す。

「竜宮さん、竜宮さん、早川の元網に、早速大漁がありますように」

沖の彼方にか、海の底にか或ると信じている竜宮の、漁を司《つかさど》る竜神に、同じ文句を繰り返して三度祈り、遥かな丹沢の峰を見上げる様に大きく向きを変えて

「大山さん、大山さん、早川の元網に、早速大漁がありますように」

と三度祈り、また向きを変え

「せえの神さん、せえの神さん、早川の元網に、早速大漁がありますように」

と、道祖神に三度祈って、かぼそくとぼる線香を尻目に家路についた。（『小

田原昔話』田代亀雄）

浜付きの四集落の子供らが、順番にやっていたそうであるが、これは、マナオシ（大漁祈願）であり、ひとり子供らだけにとどまらず、財布を預かる主婦はもとより老人達まで、漁のない時には藁《わら》にすがる思いであっちの神さん、こっちの稲荷と、お参りをしただろう。

後から創業した「新網」とて、しかり。

ランプから電気（電灯）へ。人車鉄道から軽便鉄道を経て、国鉄熱海線の開通（大正十四年、一九二五）と発展し、その中を生きた人々も着物に草履や下駄から大きく変貌《へんぼう》したが、これらの風習は、「揚繰網《アグリアミ》」が当時の早川村の生業の中で、いかに大きな比重を占めていたかを如実《にょじつ》に物語っている。

そして、早川村では、お盆になると、子供達が村の家々からもらい集めた麦稈《むぎから》で有志の大人が主になって船を作り、帆柱には松明《たいまつ》を立てて、提灯《ちょうちん》を吊してお精霊船《しょろうぶね》とし、裸の子供達が乗り込んで沖へ漕ぎ出し、頃合いを見計らって泳いで帰った。

夜になれば、枯れた女竹（篠竹）の六尺（一・八メートル）程のを七、八寸もある太さに束ねて作った松明を一軒一本持ち寄り、総数三百余本と、各集落から一本ずつ、長さ三十尺（三メートル）、周囲七、八尺（二・一〜二・四メートル）もの大松明を作ってそれぞれ浜に立て、一斉に火を点《つ》けた。

八月十六日に行われた、盆の送り火である。（『小田原昔話』）

揚繰網《アグリアミ》はたいがいその前に漁期を終わったが、捕って大儲《もう》けをし、捕れぬ鮪やメジ（鮪の幼魚）、鰹を、飽きることなく追い続ける経費の空費から津元（経営者）の没落が始まる。

とどのつまりは「儲けた者、なし」これが揚繰網の歴史である。

なお、鮪を捕る漁法としては、この他にタテナワ（一本釣）、幹縄から釣針を枝として垂らし広い範囲で釣る延縄《ハエナワ》、銛《モリ》で突くツキンボウ、定置網、巾着網（捲き網）、地引網等があるが、中でも網を破られるのを承知で大勢集まり、二番網、三番網、四番網と繰り出した地引網が最も勇壮であった。

ちなみに、昭和二十九年（一九五四）九月四日の昼前、梅沢（中郡二宮町山西）で鮪の群《ナブラ》が、船の出し揚げのために沖へ張ってある一本の綱（ヤリクリ）で止まり、アカミ（水面下でチョコレート色）となっているのを浜で網を修繕《キヨリ》していた漁師達が見付け「それっ」とばかりに、近くに揚げてある地引船に走り寄り、一人を網主の家へ使いに走らせ、すぐさま船を出して網で囲んだ。

距岸、百二、三十メートル。

うまく網を引いたものの、めいめい波打ち際に打《ぶ》ち揚る鮪の尻尾《しっぽ》をつかんで時ならぬ死闘《しとう》を展開し、振り切られて逃げられたのが多かったものの、戦果は、二、三十貫（七五キロ～一一二・五キロ）から十貫（三七・五キロ）足らずの物まで三十四本。このうち奥の袋に入っていたのは、二本だけ。

網が展開しているうちに逃げた鮪に破られた穴は、五十三か所あった。

白昼、突如波元《なもと》に鮮血《ナマ》を流したこのできごとは、この近辺に於ける地引網での大漁の最も新しい記録である。

この海は、向こうの奥の山から流れて来る小さな川久保川の川口の沖で、古来、丸山（吾妻山）下と称され、鮪や鰹を求めて和《ワ》（西）鹿島《カシマ》（東）から船が集まる場所として有名で、三、四百メートル沖の海面でやたら、日に船三艘《サンベエ》（三往復）、鰹《カツウ》を釣ったことから専業の漁船が目まぐるしく増え、漁業の隆盛を迎えさせた。

この時も、このことを知悉《ちしつ》している古老が箱舟（一人乗り）で帰って来てこのアカミを見付け、鰹の群かとブッペ（疑似餌）を掻《か》き、浜で働いていた漁師がそれを見て、――こんなに近《ちけ》えところで、何やってんだべえ――と、いぶかったのが、発見の端緒《たんちょ》である。

早川を描いた古文書と作品

建治《けんじ》三年（一二七七）十月

「いざよふ月に、さそはれいでなんとぞ思ひなりぬる。……」

と、十六日に京の都を発《た》ち、訴訟のため一路鎌倉へ急ぎ下った阿仏尼《あぶつに》（藤原為家後妻、冷泉為相《れいぜいためすけ》の母）は、その『十六夜日記《いざよいにっき》』に

「……廿八日、伊豆の国府（三島）をいでて、はこねぢにかゝ《か》る。いまだ、夜かかりければ、

たまくしげはこねのやまをいそげども
　なほ《お》明けがたき横雲のそら

あしから山は道遠しとて、箱根路にかゝ《か》るなりけり。

ゆかしさよそなたの雲をそばだてて
　よそになしぬる足柄のやま

いとさかしき山をくだる。人のあしも、とどまりがたし。湯坂とぞいふ《う》なる。からうじてこえはてたれば、またふもとに、はやかは《わ》という河あり。まことにはやし。木のおほ《お》く流るゝ《る》を、いかにととへ《え》ば、あま（漁師）のもしほ《お》木をうらへいださんとてながすなりといふ《う》。

あずまじのゆさかをこえて見わたせば
しほ《お》木ながるゝ《る》はや河の水

湯坂より浦（小田原の浜近く）にいでて、日くれかゝ《か》るに、とまるところ遠し。伊豆の大島まで見わたさるゝ《る》海づらを、いづことかいふ《う》ととへ《え》ど、しりたる人もなし。あまの家のみぞある。

あまの住むその里の名もしら波の
よする渚に宿やからまし

まりこ河（酒匂川）といふ《う》河を、いとくらくたどりわたる。こよひ《い》は、酒匂といふ《う》所にとゞ《ど》まる。明日は、鎌倉へいるべしといふ《う》なり。

廿《二十》九日、酒匂をいでて、はまぢをはるばるとゆく。あけはなるゝ《る》海づらを、いとほそき月出でたり。

浦路行く心ぼそさを浪間より
　出でてしらするあり明《あけ》の月

なぎさによせかへ《え》る浪のうへに、霧たちて、あまたあるつり舟、見えずなりぬ。

あまをぶ《海士小舟》ねこぎ行く方を見せじとや
　浪に立ちそふ《う》浦の朝霧

みやことほ《お》くへだゝ《た》りはてぬるも、猶《なお》夢の心地して、

立ちはなれよもうき浪はかけもせじ
　むかしの人のおなじ世ならば

あづまにてすむところは、月影のやつとぞいふ《う》なる。浦ちかき山もと

にて、風いとあらし。やまでらのかたはら《わ》なれば、のどかにすごくて、
なみのおと、松の風たえず。……」

と、書き遺している。
急ぎの旅とはいえ、京の都から近江路をとり、箱根を越えて鎌倉まで約百二十五里（約四七〇キロメートル）の行程を駕籠《かご》に乗ったりしたとはいえ、女の足で十四日で歩いている。
この時阿仏尼は五十五、六歳であった。

立ち止まって聞く阿仏尼の旅姿や、翌朝、海霧《カーゲ》や釣舟を右手に見て鎌倉を目指す阿仏尼の、吐く息が白く見えるようなこの日記は、流している藻塩木《もしおぎ》から、早川の村落と対岸の荒久《あらく》以東で製塩が盛んに行われていることを教え、小田原の殷賑《いんしん》は未だなく、酒匂に宿場があり、国府津、前川辺りではたくさんの漁船が海霧の中を暁の海へ出漁していったと教えてくれる。

箱根七湯の湯煙りを右に左に見ながら東《あずま》に入り、湯本を過ぎ先を急いで小田原に向かう阿仏尼の視野には、暮色の伊豆の山々を背景として立ち上る藻塩焼く煙や、早川の村落のたたずまいは目に入らなかったのかも知れない。
つるべ落しの秋の日は、箱根の山に沈んでいる。十月二十八日。新暦では、

十一月下旬から十二月中旬。夜の明けぬうちに三島を出立したものの、名にし負う箱根八里の旅である。

早川村の村勢は、『源平盛衰記』に

「治承四年（一一八〇）八月廿《二十》二日、兵衛佐（頼朝）三百余騎を引具して早川尻に陣を取る、早川党進み出で、ここは軍場《いくさば》には悪く侍《はべ》り、湯本の方より敵山を越て後を打囲、中に取籠《とりこめ》められなば、ゆゝ《ゆ》しき大事なり、更に一人も難遁《にげがたし》と申しければ其《それ》より米嚙《こめかみ》、石橋に移て陣をとる、……」

とあり、相当の勢力があったことと、土肥次郎實平が地頭であったことを知る。

『吾妻鏡《あづまかがみ》』建久《けんきゅう》三年（一一九二）三月の記にいわく

「此頃土肥弥太郎遠平、父實平の跡を襲《つ》ぎ、当庄の地頭たりしこと見ゆ、……」

また、この遠平とその子、先次郎惟平《これひら》は小早川氏を称し、同資料は、

「是在名を名乗《なのり》しなるべし、然《しか》ば小早川名も、建久中のことなるを知るべし」

と、記している。

實平没後の和田の乱（建暦《けんりやく》三年、一二一三）で、中村氏一門と共に和田義

盛に加担して北条義時に対した土肥氏は、一敗地に塗《まみ》れ、所領の備後《びんご》（岡山県）に落ち延び、名家として続き、三本の矢で有名な毛利元就の子隆景が小早川氏を継いだ後に養子として秀吉の養子秀秋を迎え、天下分け目の関ヶ原での裏切りで名を残している。

時代が下がって、天保《てんぽう》十年（一八三九）に江戸幕府によって編さんされた『新編相模國風土記稿』は、早川庄早川村の村勢を次のように調べあげている。

「……東西十五町四十二間、南北六町、東早川を隔て小田原　府内、西、石橋村、南、海、北、板橋村、民戸百三十九、今大久保加賀守忠真領す、古より小田原城付のむらなり、貞享《じょうきょう》三年当領主に賜ふ、〇石垣山　西方にあり、山上領主の囃子（林）なり、東西凡三十九町、南北三町余、……今も嶺上に小路あり、伊豆国まで通ずと云、土人呼て関白路と云り、されば御要害山の第一にして、猥《みだり》に登るを許さず、〇海　南方に在、漁船十五艘あり、所獲の魚は鰹・鮪・鮭・鯛・比目《ひらめ》・鯵・鯖の類多し、古より塩田ありしに波荒となり、明和《めいわ》六年（一七六九）以後製塩の事廃す、此海浜より西南の方福浦村に至る迄、海浦を総て片浦と唱《となう》ふ……」

社寺は、「紀伊宮権現社」本地地蔵を置、村の鎮守なり、祭礼六月二十四日、村民持、末社、駒形・龍神・天王、鐘楼として貞享三年（一六八六）の鐘を掛く、序文に木之宮と題すとあり、山神社、正蔵・真福・久翁の三寺にて、各寺持とす、第六天社、正蔵寺持、神明社、真福寺、天神社、東善院持
「海蔵寺」宝珠山と号す、曹洞宗、下総州国府台総寧寺末、本尊釈迦、開山安叟宗楞、（大森氏）嘉吉《かきつ》元年（一四四一）建、「久翁寺」末嶽山と号す、同宗、大住郡（中郡）大神村真芳寺末、本尊釈迦、外に千手観音長八寸、弘法大師作、天文《てんもん》十五年（一五四六）北条氏の臣関善左衛門建立《こんりゅう》、「東善院」薬王山と号す、古義真言宗国府津村宝金剛寺末、本尊薬師、開山改祐、応永廿《おうえい二十》二年（一四一五）建、「真福寺」瑠璃《るり》山薬師院と号す、同末、古は早川山如意輪寺東照院と号せしを、後、大王山宗臨寺吉祥院と改号し、又、天文廿一年（一五五二）今の号に改むと云、本尊不動、開山覚応、万寿《まんじゅ》元年（一〇二四）建、「薬師堂」寛永《かんえい》六年（一六二九）の鰐口《わにぐち》を掛く、薬師は坐像なり、長一尺三寸五分、行基作、「観音堂」聖観音を置、聖徳太子作、長三尺二寸、「正蔵寺」本宮山西之院と号す、同末、本尊不動、開山高伝、正長《しょうちょう》元年（一四二八）建つ、「弥陀堂」鎌倉光明寺持、「地蔵堂」正蔵寺持、とある。

　下って明治十八年（一八八五）の、『相模國足柄下郡早川村誌』をひもとけば、

「近傍駅市
申十二度　本郡東海道箱根駅元標へ四里三十二町四十二間三尺
未十二度　伊豆国加茂郡熱海村元標へ六里十六町九間
但元標は中央（早川山、字トラ柳千四百十九番山林）より寅二度熱海道の北側、字東前百五十三番畑地のまえにあり
地勢
西南に聖ヶ嶽《ひじりがだけ》、早川山、石垣山の峯巒《ほうらん》重畳《じゆうじよう》して、概《おおむ》ね段階高低たり、早川東北の村界を西南へ奔《はし》りて海に朝《そそ》ぐ。東北端は稍《やや》平坦《へいたん》にして、水田開けぬ。東南は相模洋に面す。其《その》北早川尻より南へ凡《おおよそ》六百八十間は細砂、以南の海涯二百七十間は岩礫磊《れきらい》々たり。熱海道は、東北より東端を南へ通じ、関白道は、熱海道を岐《わか》れ、中部を西へ登り、石垣山の旧城に抵《いた》り、尚《なお》西へ登りて、早川山の頂に達す。人家は東北端、又東南端にあり。或《あるい》は熱海道に沿《そ》ひて、海浜に住みぬ。運輸は可にして、薪炭はあまりあり。
地味
其《その》色赤黒壌土或は壚土《くろつち》、其質中の下等、稲麦粟に適《かな》ふ。水利は便なれども、早川の洪害《すいがい》を恐る。
税地
田　二十三町《ちよう》九反《たん》二十六歩《ぶ》

畑　四十三町八反一畝《せ》二十歩
宅地　五町八反九畝十一歩
山林　二百八十九町五反四畝九歩
藪《やぶ》　四町七反四畝十八歩
芝地　三十八町三反三畝廿《二十》二歩
秣《まぐさ》山　二百八十七町二反三畝十七歩
　　総計六百九十三町四反九畝三歩

戸数
本籍士族　二戸
仝　平民　百六十九戸
社　一戸
寺　五戸
堂　一戸
　　総計百七十八戸

人員
本籍士族男　三人
仝　女　三人
仝　平民男　四百八十九人

仝　女　五百十九人
総計千十四人
牡馬　十七頭
漁船　二十艘
荷車　大六以下二輛
（但戸数以下明治九年一月一日調）
海
（『新編相模國風土記稿』を写しているので、略す）
さらに下って昭和五年（一九三〇）。『早川村勢大要』
「地勢及沿革
位置及面積
本村ハ足柄下郡ノ中部ニ位シ、東ハ相模灘ニ面シ、南ハ片浦村、西ハ湯本町及吉浜村ニ接シ、北ハ大窪村（旧板橋村）及小田原町ト界ス。東西二里十一町二十間、東北五町二十九間、面積七百三十三町余ナリ。
地　勢
……早川ハ源ヲ芦之湖ニ発シ蜿々《えんえん》迂曲《うきょく》大窪村ヨリ本村ニ入リ海ニ注グ、熱海県道ハ海浜ニ添ヒテ本村ヲ縦貫ス。人家亦《また》此両側ニ櫛比（まばら）ス。熱海鉄道線路亦本村ノ中央部ヲ貫通ス。交通至便景勝ニ富メリ。

沿　革

往古垂氷郡ニ属シ、中古以来土肥郷ト称ス。早川庄ノ原村タリ。永承《えいしょう》中（一〇四六～五三）源頼義相模守トナリ、其《その》子義家ヨリ相伝ヘテ平治ノ始メ（一一五九）マテ其ノ孫義朝之ヲ領ス。文治《ぶんじ》五年（一一八九）後白河法皇特志ヲ以テ伝ヘシメ給《たも》フ。建久《けんきゅう》三年（一一九二）の頃土肥遠平父實平の跡を襲キテ当庄ノ地頭タリ。治承《じしょう》四年（一一八〇）頼朝本庄ヲ箱根権現ニ寄附セシト云フ。

元弘《げんこう》三年（一三三三）五月北條氏（鎌倉）亡ヒテ一旦朝廷ニ帰セシカ、建武《けんむ》二年（一三三五）足利尊氏掠竊《りやくせつ》シ、相伝エテ持氏ニ至レリ。応永《おうえい》二十四年（一四一七）正月十七日此辺ヲ大森頼顕ニヘテ小田原ニ居ラシム。明応《めいおう》四年（一四九五）二月二十六日北條氏長（伊勢新九郎、後ノ早雲）之ヲ逐《お》ヒテ、小田原城ヲ取リ、豆相ヲ平治ス、天正《てんしょう》十八年（一五九〇）七月豊臣氏ニ滅ボサル。

秀吉其ノ領土ヲ挙ケテ徳川家康ニ與フルヤ、大久保忠世ニ属ス。其子忠隣《ただちか》罪ヲ得テ改易セラレ代官管知ス。元和《げんな》五年（一六一九）之ヲ領シ、寛永元年（一六二四）復《ふたたび》代官ノ所管トナル。仝九年十一月稲葉正勝ノ領邑《りょうゆう》となる。其ノ孫正通越後高田城ニ移リ、貞享《じょうきょう》三年（一六八六）正月大久保忠朝ニ復ス。相襲《つ》キテ維新ニ至リ、明治《めいじ》元年（一八六八）九月二十三日奉還ス。仝四年七月十四日小田原県ト為《な》リ、仝十一月十四日足柄県ニ属シ、仝九年四月十八日本県ノ所管ニ帰ス。明治二十二年（一八八九）町村制実施ニ方《あた》リ石橋村、米神村、根府川村、江ノ浦村ト早川村外四ヶ村組合ヲ形成シ、組合役場ヲ本村二五三番地に置キ、後一五三番地ニ移ス。然シテ大正二年（一九一三）組合役場ヲ解キ、本村役場ヲ一五三番地ニ置ク。更ニ昭和三年（一九二八）現在ノ地ニ移転セリ。（早川村二〇七番地ノ五）

土地を調べると、明治から大正、昭和に掛けての半世紀近く経て来ただけに、だいぶ動きがある。

田が十八町九反歩と減り、畑が百七十二町九反と、大幅に増加した。これは、耕して天に至る蜜柑《みかん》畑の汗の結晶。そして、人口の増加に比例して宅地は、官民合わせて十一町八反二畝《せ》十七歩となり、道路堤塘《ていとう》が二町歩で、鉄道線路用地に四町六反歩割《さ》かれている。

昭和五年度の早川村予算は、一万八七七三円であり、戸数は三七五戸、人口は、男一〇八四人女九二七人、計二〇一一人で、農業二三九、商業三五、工業二二、運送業一〇、官公吏八、旅舎四、飲食店二、其他五五で、農産物はその八割を蜜柑が占めている。

漁業はその他の中に含まれ、兼業として農業のなかにあるものと思われるが、漁場として鰤大謀網一、小台網一、三艘張網二、地曳網四、専用漁業一となり、それらを支える運輸は、貨物自動車二、自転車・普通一二四荷台一〇計一三四、荷積馬車九、荷積車（代八車、リヤーカー）七五である。

家畜禽《きん》　馬七、豚一八、鶏三六五

この数字は、草ぶきの屋根の下の土間やいろりのたたずまいと、広い庭のあちこちで餌《えさ》をついばむ鶏の姿や馬小屋、豚小屋等を彷彿《ほうふつ》させ、馬のいななき、豚の鳴き声、刻《とき》を告げる雄鳥《おんどり》、卵を抱える雌鳥《めんどり》のせわしない鳴き声等を耳朶《じだ》によみがえらせてくれる。

「汽笛一声新橋を
　はや我汽車は離れたり
愛宕《あたご》の山に入り残る
　月を旅路の友として」

嘉永《かえい》六年（一八五三）六月三日、亜米利加《あめりか》合衆国太平洋艦隊を率《ひき》いて浦賀

沖に現れ

「太平の眠りを醒《さ》ます上喜撰（蒸気船）
たった四杯（四隻）で
夜も寝られず」

と、幕府から百姓、町人に至る人々を畏怖《いふ》せしめた提督ペリーは、翌七年三月、日米和親条約締結に先立ち、電信機や銀版写真装置等と共に模型の蒸気機関車一式を贈呈し、そのためにわざわざ建てさせた一哩《まいる》（一六〇九米《メートル》）先の家との間に電線を張って、実際に通信を行《おこな》って見せ、円形の軌道《きどう》を敷いて機関車、炭水車、客車と連結して時速二十哩（約三十二粁《キロ》）でぐるぐる廻らせて見せた。

駕籠《かご》と馬しか知らなかった人々は、小さいながら白い煙を吐いて力強く走るこの鉄の乗り物に驚愕《きょうがく》したら、やがて興味を持ち乗ろうとしたものの、いくら体を縮めても中に入れずやむなく屋根の上に乗った。

ペリーの部下の手による『ペリー日本遠征記』は、この時の状況を鋭く観察し、余すところなく描写している。

「いかめしいお役人様が広袖（紋付）を風にひらひらさせて、時速二十哩で円形の軌道をぐるぐる回っている図はなかなか珍妙な見物《みもの》である。

彼は死物狂いで、屋根の端にしがみつきながら面白がってげらげら笑っているが、彼の円《まる》くした身体が滑稽《こっけい》にもびくびくして必死になってふるえている。

一方、車は円を急速にぐるぐる廻っている。その様を見ると、実際は小型機関車の力でやすやす動いているのに、びくびくもののお役人の一大努力のお蔭で動いていない様な気がしてきそうだ」

維新後成立した明治新政府は、より強力に国をまとめるには交通機関を整備することが大切で、そのためには鉄道が絶対必要であり、鉄道は国が建設するという方針を固め、明治三年（一八七〇）三月から測量を開始し、次いで着工した。

明治五年五月七日、まず品川・横浜（桜木町）間が開通し、九月十二日の新橋（汐留）・品川間の開通によって、十月十四日の営業開始となり、明治二十年（一八八七）七月十一日国府津まで延長された。

その間、各所で工事が進み、十七年の歳月を要して明治二十二年七月一日に神戸まで全線開通し、二十二時間余の旅となった。

明治三十三年五月に出来た鉄道唱歌は、十一番で、「……海水浴に名を得たる大磯みえて波すずし」と歌って国府津になる。

一二　国府津おるれば馬車ありて
　　　酒匂小田原とおからず
　　箱根八里の山道も
　　　あれ見よ雲の間より

一三　いでてはくぐるトンネルの
　　　前後は山北小山駅
　　今もわすれぬ鉄橋の
　　　下ゆく水のおもしろさ

一四　はるかにみえし富士の嶺《ね》は
　　　はや我《わが》がそばに来たりたり
　　雪の冠雲の帯
　　　いつもけだかき姿にて

一五　ここぞ御殿場夏ならば
　　　われも登山をこころみん

高さは一万数千尺《すせんじやく》
十三州もただ一目

資本金八万五千円で設立された小田原馬車鉄道会社により、国府津・湯本間三里九町（約一二・八キロメートル）の道程にレールの上を一時間五分で馬が曳く馬車鉄道が誕生し、明治二十一年（一八八八）九月一日より国府津・小田原間六銭、小田原・湯本間八銭の料金で営業を開始した。

明治二十九年三月十二日。山梨県人、雨宮敬次郎が創立した資本金八千円の豆相人車鉄道株式会社によって、早川口より熱海まで七里の道程を四時間にて到着すると言う人車鉄道が開業した。

当初、米神まで五銭、江の浦十二銭、城の口まで二十一銭、吉浜二十三銭、伊豆山三十五銭、終点熱海まで四十銭で、一日六往復の便であり、定員六名、二、三人で押してレールの上を走る箱は三つに区切られ、上、中、下と分けられていた。

その差は座席の優劣ではなく、坂道に掛かると下等の客が降りて押し、さらに急坂になると中等客も降りて押す。上等客は、最後まで降りて手伝う必要がなかったというが、その料金は熱海まで下等四十銭のところ、中等六十銭、上等一円であったという。

明治二十九年十月、小田原馬車鉄道会社は、増資して資本金を七十万円とし社名を小田原電気鉄道株式会社と改称して、小田原町他五ヶ村への電力供給事業と国府津・湯本間の馬車鉄道を軽便鉄道に転換する事業に着手し、明治三十三年（一九〇〇）四月、軽便鉄道がちんちんと鐘を鳴らし、くろけぶ（黒煙）を舞上げて軌道上を走って営業を開始し、五月より東海道筋への点灯を開始した。

一方、早川口・熱海間の人車鉄道は、明治三十九年十月資本金二百万円の熱海軌道株式会社として、軽便を走らせた。

芥川龍之介は、この工事に材を取り

「小田原熱海間に、軽便鉄道敷設の工事が始まったのは、良平の八つの年だった。工事を――といった所が、唯トロッコで土を運搬する――それが面白さに見に行ったのである。……」

という書き出しで、『トロッコ』という作品を大正十一年（一九二二）二月に発表している。

この軽便に乗った作家田山花袋は、『温泉めぐり』の中で

「しかし小田原から分かれてここ（熱海）にやって来る小さな軌道は面

白い。十年前までは、レールの上を人が車を押して、そして交通の便に供したが、今では小さいなりにも汽車が出来てさ《そ》うした不便はなくなった。そしてこの間に、頼朝の敗れた石橋山の古戦場があり、真鶴岬の美しい眺めがあり、『いつ見てもけしき吉浜よしといひてためらうほどに時はうつりぬ』の吉浜があり、湯河原の方へと入って行く門川があり、関東の総鎮守で、その威を一時四方に振《ふる》った伊豆山権現があるのであった。」

と、書いてある。

志賀直哉　二題

『子供四題　四　軽便鉄道』

「……乗合は浅草の男の外に水兵五人、頬骨《ほおぼね》の高い五十ばかりの女とその娘と男の児《こ》。それと私だった。

間もなくへっついひのや《よ》うな小さい機関車は型の如く汽笛を鳴らし発車した。ガタ〳〵といやに気忙《きぜわ》しく走る。早川橋を渡り、海岸づたひ《い》にやがて石橋山の麓へかかった。

「これから段々あぶない路に成りますよ」

真鶴の者だと云ふ水兵が隣の海軍工機学校と書いた帽子を被《かぶ》った水兵に

話しかけた。

「ああ、さうかね」

と此男《この》は大やうに莞爾《にこにこ》しながら、眼はそのまま海の方を眺めてゐた。

二人は知り合いではないらしかったが、場所々々《ばしょ》で真鶴の水兵は丁寧《ていねい》に説明してゐた。

「根府川の石山は陸軍の所轄《しょかつ》ですから無闇に切り出せないんです」

「さうかね」

「観音崎の要塞の石なんか皆此処《ここ》から出すんですよ」

「ああ、さうかね」

とにこ〳〵してゐる。

根府川の停車場《ていしゃじょう》は幾らか坂になってゐるので、発車にブレーキをゆるめると一寸逆行した。それと同時に車輪が廻り出したから、車体が甚《ひど》く揺れた。

「ゴースターンとゴーへーを一緒にやり居《お》るわ」

大やう《よ》な水兵は皆を顧《かえり》みてわらった。私達は別に可笑《おか》しくもなかったが、水兵達は皆笑った。


「成程段々あぶなくなって来たね」

工機学校は窓から首を出して其辺《そのへん》を見廻した。

「一つ脱線しようもんなら、これだけで海の中へどぼーんですぜ」

真鶴は皆の顔を見る。

「なんまいだあ、なんまいだあ」

こんな事をいふ水兵があった。

「これからが段々あぶないんですよ」

真鶴は何となく得意である。

実際路《みち》は段々海面《うみずら》を遠ざかる。

「どうです」

真鶴は如何《いか》にも嬉さうだ。

「こりやあ、大分あぶないね」

言葉だけはあぶなさうだが、顔は相不変《あいかわらず》にこにこして居る。

あぶない所へ来る度、真鶴は、

「どうです」

と云《う》ふ。

「あぶないね」

と工機学校も同じ事を繰り返してゐた。小田原国府津の海岸が遠く見えて居る。

先刻《さつき》から青い顔をしていた娘が、母親の胸へ額をつけ何かいっている。

「頭を冷やす方がいいよ」

母親は抱くやうにして立たさう《そ》とするが、娘は力を抜いて動かなかった。

「もどしさう《そ》だ」

「だから立つて、窓から首をおだしなさいよ」

「苦しい」

娘は泣き出した。

……

真鶴へ来て、真鶴の水兵は下りた。機関車へ水を入れ、熱海からの列車を待った。間もなく貨車を二台曳いたのが来て、それと入れ代わりに私達の列車は動き出した。

その辺に遊んでゐ《い》た学校帰りの男の児《こ》が五六人吾々の列車を追ひかけて来た。鞄をかけ、片手にビールの空壜《あきびん》を持った奴が客車の直《す》ぐ側《そば》まで追ひ《い》迫って来た。彼方《むこう》で貨車に米俵を積み込んでゐ《い》た小揚人足《こあげにんそく》が大声に
「乗るぢ《じ》やあ、ねえぞ」

と怒鳴《どな》ってゐた。

「乗れ〳〵。かまあもんか」

と工機学校の水兵は窓から暢気《のんき》らしい顔を突き出し、子供達をおだてた。

汽車が速くなるに従ひ《い》、一人々々落伍して行ったが、七つばかりの如《い》何《か》にもきかん坊らしい洟《はな》垂らしだけが一人執念深く追って来た。どう云う心算《つもり》か草履を片々《かたかた》は穿《は》き、片々は手にはめて、それをきり〱振回しながら、むきになって追ひ《い》かけて来る。丁度《ちょうど》路が上《のぼ》りになって汽車は少し遅くなった。きかん坊は茲《ここ》ぞと鈍栗眼《どんぐりまなこ》を出来るだけ剥《む》き出して段々に近よって来た。

「しっかりやれ。しっかりやれ」

工機学校は今は起ち上つて小さな窓から上半身を乗り出すや《よ》うにして応援した。

もう二三間《げん》で追ひ《い》つく所まで迫った時、その子供は不意に、俯向《うつむ》き、立ち止つて了《しま》つた。

鈍栗眼《どんぐりまなこ》に石炭殻《がら》が飛び込んだのだ。

子供は、眼をこすり〱何時までもまぶし相《そう》に此方《こちら》を見送つてゐ《い》た。

「ハ、、、。残念で却々《なかなか》帰りよらん」

水兵は笑ひながらそれでも気の毒がりハンケチを出して頻《しき》りに振った。

暫くして子供は眼をこすり〱帰って行った。」

明治四十二年（一九〇九）一月

『真鶴』

「……

夜が迫って来た。沖には漁火《いさりび》が点々と見え始めた。高く掛かって居た半欠けの白っぽい月が何時《いつ》か光を増して来た。が、真鶴までは未だ一里あった。丁度《ちょうど》熱海行きの小さい軌道列車が大粒な火の粉を散らしながら、息せき彼等を追ひ抜《ぬ》いていった。二台連結した客車の窓からさす鈍いランプの光がチラ〳〵と二人の横顔を照らして行った。

少時《しばらく》すると、手を引かれながら一足遅れに歩いて居た弟が、

「今日の法界節《ほうかいぶし》が乗つて居た」

とこんな事を云つた。彼は自分の胸の動悸《どうき》を聞いた。そして自分もそれをチラリと見た《よ》やうな気がした。汽車は何時か先の出鼻《でっぱな》を廻って、今は響きも聴《きこ》えて来なかった。

……」

大正九年（一九二〇）九月

熱海新線愈々《いよいよ》着手

国府津沼津間の経済
広狭孰《いず》れにも有効なる隧道《とんねる》

大正五年（一九一六）年二月二十三日の『東京朝日新聞』は、大きな見出しで

「東海道線国府津より分岐し小田原熱海を経て沼津に接続する熱海新線は工費総予算二千四百万円を投じ愈々今秋工事に着手する事となった……」

と、報じ

「次に此《この》鉄道が竣成《しゅんせい》した暁にはどれだけの利益があるかと考えて見るに現在の箱根線に於ける水害の惨禍を大部分防止する事が出来る外、哩数《まいる》に於いては箱根線の三十七哩に対し三十哩に短縮され、尚《なお》軌道の勾配が極度に減少される結果、現在国府津沼津間三時間を要する物が新熱海線に於ては一時間二十五分位に減じられ、従って石炭の消費高、従業員の減少等全体の営業費も約半減さるゝに至るであろう」

と、結んでいる。

この路線に紀伊神社が引っ掛かることとなり、翌六年遷座《せんざ》し、社殿跡が線

路工事で掘られたところ、大小三個の壺が出土した。
それを何人かで浜へ洗いに行き、その人達が揃いも揃ってわりあい早く死亡してしまったので、中に何か入っていたのか、どうなっていたのか不明のまま蔵われていたが、本年（平成元年、一九八九）六月青木友吉が常滑《とこなめ》市民俗資料館に写真を送って鑑定を求め、さらに七月現物を持って行き折紙を付けてもらった。

「紀伊神社　露木清司様
拝見致しました三点の資料、一点は、三筋壺《さんきんこ》、製作年代は平安時代の末期に相当、一点は渥美窯《あつみがま》の灰釉壺《はいゆうこ》、同じく年代は平安時代末期、一点は中国宋代の青白磁《はくじ》小壺に相違なく、三点の在り方から見て、平安時代の末に造営された経塚《きょうづか》に関連するものと推定されます。
中世考古学上大変貴重な資料であることは間違いございません。
平成元年七月三十日
常滑市民俗資料館学芸員　中野晴久　印　」

しかし、先に送った写真への返書には
「……小さな合子《ごうす》様の小壺が中国陶磁で三筋壺中に入っていたものであ

れば、経塚の内容物として自然な有り方と思われます。

一方、三筋壺は蔵骨器としてもよく用いられております。口頸《けい》部を欠いて火葬骨をその中に入れた例も少なくありません。……」

とあり、はたして経塚かはたまた骨蔵器で誰かを祀った塚か、それなら誰かとなるが、そのいずれにせよ清白磁の壺と三筋壺を持ち、それらを用いた人がいたことは紛《まぎ》れもない事実である。


この熱海線は、大正九年（一九二〇）十月二十一日国府津・小田原間が開通し営業が開始された。

箱根八里の拠点として繁栄してきた小田原は、東海道本線の開通と共にさびれていたのでその喜びは格別のものとなり、盛大な祝賀式典となった。

小田原電気鉄道の同区間は即廃止され、新たに幸町・小田原駅間が開通した。

同十一年十一月二十一日、真鶴まで開通。早川、根府川、真鶴駅開設、営業開始となったが、翌十二年九月一日午前十一時五十八分、相模湾北部を震源としてマグニチュード七・九という関東大地震が襲った。

安政以来のこの大地震による早川村の被害は、四二〇戸二三三三人の中で死者一〇人、負傷者一五人、焼失家屋三二戸、全半壊二六戸であったが、片浦村は、根府川駅で列車毎海中に転落した約二〇〇人の乗客があり被害は甚大で、四一二戸、二七一五人であったが、死者六〇二人、負傷者一九一人、焼失二戸、全半壊二七一戸、埋没八六戸に及び悲惨を極めた。

線路や道がいたる所で破壊され、人々はその復旧に励んだが、道は他にもあった。それは、海上の道である。

明治三〇年（一八九七）、小田原を経由して横浜・熱海間に汽船が営業を開始し、同四十年、東京汽船によって国府津・伊東間の航路が開かれた。

『熱海土産』　島崎藤村

「にはかに思ひ立つて、熱海の方へ行く娘を送るために家を出たのは七月の下旬であった。池袋のKさんは熱海の方に知る人があって、一週間か二週間ばかり暑さを避けに行くついでに私の家の末子をも一緒に連れて行かう《こ》と言って呉れた。

……このKさんも伊豆の旅は初めてだといふ婦人のことであり、末子も船には弱し、せめて熱海行の汽船の出るところまでは見送らう《ろ》とした。

早川まで行けば、そこにはKさんの知人が出迎へに来て居るといふ話もあつたからで。震災後は山の方へ暑さを避けに行く人はあつても、湘南地方の海浜へ――あの激震地の跡へ出掛けるものは少い時で、根府川行の汽車の中には僅かな避暑客らしい人達を数《か》へるに過ぎなかつた。……震災後は眼に入る人家も激しい変り方だ。そこにもここにも日に光るは、トタン葺きの屋根でなければ、新に修繕の加へ《え》られた壁でないものはなかつた。ところどころには傾いた軒なぞまだそのままに大地震当時のことを語り顔なのもある。

……私は娘を見送りに行く途中にも、東京から早川まで往復六時間あまりの暑い汽車旅がまだまだ自分の健康には過ぎたことを思ひ《い》、東京の方の空の苦熱を思ひ《い》、兎《と》も角も末子を見送つた上で帰りの一夜を国府津あたりの宿屋に過《す》ごさうか、それとも熱海まで一緒に行って一晩でもこの暑さを忘れて来ようかといろいろ思ひ《い》煩《わずら》つた。

早川の停車場に着いたのは、午後の一時過ぎる頃であつた。汽船の出る時刻も迫ったあわたゞしさの中で、私達はそこに出迎へ《え》て居るといふKさんの知人を探した。

……熱い草いきれのする漁村らしい道を分け入つて、私達は船着場の小屋へと急いだ。

青く深い相模灘は私達の面前に展《ひら》けた。船の切符を売る場所も待合所も高い防波堤の上にあつて、その辺には何十人かの男女の客が伊東通いの汽船を待ち受けて居た。

……それに大海を前にいくらか気おくれのして居るらしいKさんの顔を眺めると、このまま娘を頼んで置いて別れを告げるわけにもいかなかつた。船に慣れない人達が手に提げられるだけの荷物を提げて艀《はしけ》に乗ることの困難を思ふと、その場で心を決めた。熱海まで送ら《ろ》う。それを聞いた時は、末子も安心したらしかつた。

　何となく旅の心が浮かんで来た。小屋の前の砂の上にぢ《じ》かに荷物を置いて、皆と一緒に汽船を待ち受けるといふ《う》ことも、この私の心を楽しくした。その日の二番線は定刻より一時間の余もおくれたので、皆待ちあぐんだ。そこいらには荷物の上に腰掛け退屈顔に煙草をふかすものがある。砂の上に足を投出すものがある。防波堤の上に登り、首を延ばして、小田原方面からやつて来るといふ汽船を待ち受けるものもある。私達はここまで来る途中、大船でサンドヰッチを一箱づゝ買ったのみであつたから、すこし空腹を感じて来た。ここには弁当も食パンもないと聞いて、成るべく甘くない菓子を探して来て、三人してそれを昼飯の足しにと食つた。

……

やがて私達は防波堤を降りて、汽船の客の集まる浜のところへ出た。思ひ《い》思ひ《い》に鞄やバスケットを提げて、真夏の日の光の降り注ぐ熱い砂を踏んで行つた。そこの波打ち際には艀に荷物を積む人達の互に呼びかわす声が波浪の音にまじつて騒がしく起こつて居た。その人達は殆《ほと》んど裸体《はだか》だ。押し寄せて来る波の間に飛び込んで行くもの、綱を引くもの、ゴロを按排《あんばい》するもの、岸に立ち太い竹竿に力を入れて艫《とも》の方から船を押しやら《ろ》うとするもの、その混雑の中で荷物を満載した艀が波打ち際を離れて行つた。間もなく私達の乗り移る艀の用意も出来た。男女の客はいずれも波に足をすくは《は》れまいとして、狭い板の上を渡つた。婦人や子供と見てわざわざ手を貸さ《そ》うとする日に焼けた顔付の船頭のあるなぞも、斯《こ》うした船着場でなければ見られない図だ。

「末ちゃん、しつかり。」

と私は声をかけて艀に移つた。多勢《おおぜい》の乗客で身動きもならないほどだ。私は見知らぬ人達と膝を突き合わせて、波の来るのを待つた。砂の上をすべつて行く船底の音と共に、私達の身体までが高く持ち揚がつたかと思ふ《う》と、また第二の波がやつて来た。その時、私達はひどい潮をも浴びることなしに、海の方へ出て行くことが出来た。

伊東通ひ《い》の汽船がこの私達を待つて居た。動揺する波浪の中で、持てるだけの荷物を提げて、梯子《はしご》づたひ《い》に本船に渡るといふ《う》ことも慣れないKさんや末子には容易ではなかつた。その日は国府津や小田原からの客も多くて、船室は殆んどそれらの人達に占められて居た。それにこの小さな汽船には甲板と名のつくほどの場処もなかつた。勝手を知った私は船室と欄《てすり》の間の狭い廊下を択《えら》んで、海のよく見えるところに陣取ったが、その辺にも乗客は満ち溢れて居た。荷物の上に荷物を積重ねるほどの窮屈さだ。余儀なく廊下の片隅に旅の鞄を置いて、そこをKさんや末子のかは《わ》る〲休む場所とした。

　こんな思ひ《い》をして早川の海岸を離れて行ったが、しかし楽しい海風は一切の窮屈さを忘れさせた。Kさんは艀に乗り移る間際に、波のために足を洗は《わ》れて、足袋でも下駄でも潮に濡らしたと言つて居たが、やがてそれも乾いて行くほどの日の光が射して来た。船に弱い末子も心配したほどでなく、やがて欄のところへ立って来て海を眺めるほど元気づいた頃には、もはや早川も見えないほどの波の上を乗つて行つた。

……

　根府川に着いた。船着場毎に、汽船は荷物を積んだり、客を乗せたりしたが、それにはかなりな時を要した。真鶴岬の方角をさして、やがてまた汽船は動いて行つた。船から見た陸は濃い緑に包まれた崖の地勢を成して、かなり急な勾配で海の方へ落ちて居る。その崖と崖の間の谿谷《けいこく》のやう《よ》な位置に港が隠れて居た。

真鶴はさ《そ》うした小さな港の一つだ。海上に岩石のうづくまつて居るや《よ》うな、俗に畏怖《いふ》『出つ端』の周囲を迂回《うかい》して、汽船は港へと近づいて行つた。その時、高い汽笛の音が港の空に響き渡つた。同時に、船側の下の方からはさかんな渦を起して、その真白な泡が湖水のやう《よ》に静かな港の入口へ拡がつて行つた。入港を知らせる汽笛の音を聞いて、早くも私達の汽船の方へ漕ぎ寄せて来る荷物の艀がある。……

そこでも荷積みの終わるまでに、私達はかなりの時を待つた。汽船の横腹に口を開いたやう《よ》な扉《とびら》は、沢山な薦《こも》包や、ビール箱や、郵便物の袋を吐き出して、そのかはり《わ》に別の荷物を呑《の》んだ。新たな客を乗せた艀も青い波の間を櫓《ろ》で近づいて来た。斯《こ》うして私達の船はまた客を加えて行つた。

……

真鶴岬を廻る頃から、私達の船は反対な方角に強い日を受けた。海もそちらの廊下の方に光り輝いた。……波の上を刻んで行く蒸気の音と、船体の動揺とは、次第に単調に私達の身体に伝は《わ》つて来た。私は激しい渇きを覚えて、何か飲む物を探したが、船では茶も売らなかつた。

……

吉浜といふ《う》ところは熱海の一つ手前にある船着場だ。船はそこへも寄つて行つた。海岸といふ《う》よりはむしろ山腹と言ひ《い》たいほど、翠色《みどり》のしたゝるやう《よ》な崖《がけ》に添ふて、海岸線の工事のために多勢働いて居る人影をその崖の斜面のところに望みながら進んで行つた。崖が高ければ高いほどそこに接近した海は深い。猶《なお》深く進んで行くと、やがて熱海も見えて来た。

横磯といふ《う》ところへ着いた。そこが熱海での汽船の発着所だ。船で鳴らした高い汽笛の音は、帆柱一つあたりに見えないほど静かな湾の上の空気を破つて、岬から岬へと伝は《わ》るやう《よ》に響けて行つた。私達と一緒に上陸する人達は思ひ《い》〳〵に荷物を手にして、船梯子の降り口に集まつた。Kさんも、末子も僅か半日の潮風に吹かれただけで、何となく色が黒くなつたやう《よ》に見える。こんな短い航海にすら船に酔つて、苦しさ《そ》うに人の肩につかまりながら艀《わ》に移る婦人の客もあつた。……

水をへだてゝ、呼びかはすもの、上陸をいそぐもの、それを制するもの――その一しきりの混雑の中で、しばらく私達は艀に待たされた。その辺は殆《ほと》んど砂地の見られない海岸だ。岸にうち寄せうち寄せする波は、ある人の詩の句にあつたやう《よ》な『すさまじい疾走《しっそう》』で、艀の着く岩の上に駆けのぼつて居た。それ、好い波が来た、と呼ぶ船頭の声と共に、私達を載《の》せたまま、一息に岩の上へ引き揚げられた。……

「これが熱海ですか。」

さういふ私《う》には、長い防波堤も、乾き切つた道路も初めて見るものばかりだ。伊豆らしい日のあたつた古い石地蔵の近くには、海岸の松の蔭に一つの石碑があつて、その周囲には石の垣と鉄のくさりとがめぐらしてある。

紅葉山人記念　金色夜叉《こんじきやしや》の碑《ひ》

とは、成程、熱海だと思つた。

震災後の夏は熱海もさびしかつた。やがて私はSさんの家に末子を頼んで置いて、自分だけはある旅館の方に引取つた。案内されて、海のよく見える三階に上ると、滞在する客一人見かけないほど、そこもひつそりとして居た。……

「お客さん、お夕飯は何に致しませう《しよ》。」

と、言ひ《い》に来る年若な女中の言葉までも、何となく伊豆の訛を帯びて聞こえる。……

短い夜が明けた。……初島も近く見えた。それほど海はよく澄んで居た。……

そこへ宿の番頭が雨戸を繰りに来て、熱海の夏の短いことを私に言つて見せた。……

この番頭はゆうべ宿帳を持って来た時から狃《な》れて、震災後の客の少ないこと、来年の春にもなれば海岸線の通ずること、それまではどの宿も欠損を忍ばねば成らないことなぞを私に語り聞かせた。番頭はまた、震災当時のことを思ひ《い》出したやう《よ》に、この海岸へ襲つて来たといふ海嘯《つなみ》の話をした。大磯あたりの話は聞くも恐ろしいが、こゝではそれほどの激震を感じなかつた。そのかは《わ》り二度ほど来た海嘯《つなみ》のために和田磯寄りの町の一部を洗い去られたとも言つた。……

熱海でKさんや末子に分かれてからの私は独り旅となつた。この帰りにはそれほど船客も込まなかつたので、私は往きと同じやう《よ》に船の廊下のところに陣取つて、逆に展開するやう《よ》な沿岸の眺望を楽しんで行くことが出来た。吉浜を通り過ぎて真鶴の岬を廻る頃、海上にあらは《わ》れた大小の岩石はそのどれを見ても、波打際から数尺（約一・五メートル）ほど赤ちやけた色に変わつて居ないものはなかつた。その露出した部分は震災前まで海水に隠れて居たところで、そこにも盛り揚がつた海底が大地震以来の変化を語つて居る、と私に言つてみせた人もあつた。……

楽しい海風はまた吹いて来た。日は熱くてもむしろ快いくらゐ《い》だつた。その日の沖から見た岸の方は黄緑の色に海も濁つて居て、沖の青さとはいちじるしい対照を見せた。藍《あい》を流したやう《よ》な濃い色の潮は殆《ほと》んど奔流《ほんりゆう》のやう《よ》な勢でさかんに私の眼前を流れて居た。その日の海上には幾艘となく浮いて居る鰹《かつお》釣りの船をも見た。

真鶴の港を過ぎて、根府川まで乗つて行つた。海の幸《さち》の多い日と見えて、そこには大漁の旗を押し立てた漁船を見た。更に早川から小田原まで乗つて行つた。そこにも豊かな収獲を誇り顔な漁船の旗が幾つとなく風にひるがへつて居た。中には大漁の旗の上に日の丸を重ね、それを高く掲げたやう《よ》な船さへ《え》もあつた。多勢の漁夫があげる歓呼と共に、五六尺もあらう《ろ》かと思われるやう《よ》な銀色に光つた魚のからだが人に抱かれて、漁船から天馬《てんま》（小舟）へと移されるのもあつた。その光景を私は汽船の廊下のところから見て通り過ぎた。

到頭、その日は国府津まで乗つて行つた。東京の方の激暑を恐れて、私は三時間ほどその海浜に疲れを休めて行つた。

……

一週間ばかり後には私は末子を迎えに行くつもりで、もう一度熱海の方へ出掛けようとした。……

二度目に汽車で国府津まで出掛けて行つて見た頃はもう八月のはじめであつた。その日は早川からでなく、国府津から船に乗るつもりであつたからで。……

空は晴れ渡つて居ても、海岸にうち寄せる波は高かつた。土用波の立つといふ《う》海の季節のことも何となく思ひ《い》当るやう《よ》な日だ。艀に来るものはいづれも潮を浴びることを覚悟した。船頭は厚い布を用意して居て、それを客の頭の上に冠せたから、幸ひ《い》着物も濡らすことなしに済んだ、がしかし激しい波の来た時には私達の頭の上を越した。

斯《こ》うして私は広々とした海の方へ出て行つた。……

熱海に着いた。私が汽船の煙筒《えんとつ》の側に立つて、もう一度横磯の船着場を望み見たのは、午後の五時頃であつたかと思ふ《う》。

……その日はSさん、Kさん、末子の三人の三人連れで、透きとほるやうな伊豆山の千人風呂の中に身を浸して来たといふ《う》話も出た。鮮人の工夫が多勢働いて居る山の中の路を通つて、暗くなる頃に熱海へ戻つて来たといふ《う》話も出た。さ《そ》ういふ《う》話が尽きなかつた。

「末ちやん、ちよいと来てごらんなさい。」

と言いながら、Kさんが末子と並んで廊下の柱の側に立つた頃は、次第に海も薄暗くなつて行つた。暮色につつまれ初島と岬の鼻の間へかけて、漁火《いさりび》が遠く望まれるやう《よ》になつた。その夕は、私はKさんと末子を客にして、涼しい風の来るところで宿の膳を出した。皿の上の造り身、酢の物、そこで味ふ魚《う》はすべて新しかった。

食後に廊下へ出て見た頃は、海はもう暗かつたが、遠く望まれる漁火の暗い水の上に燃えるのは美しかった。

「出来ることなら、この涼しい風を東京への土産に持つて帰りたい。」と私は自分の家の方に留守を頼んで置いて来た人へ宛《あ》てて書いた。

……熱海へ着いた翌日の四日にはもう私達と一緒に帰つて行く日取りの相談が出た。今度は早川や国府津までゞなく、霊岸島《れいがんじま》まで直航の汽船で東京の方へ帰ろう。その打合わせに、Kさんや末子はかわる〲Sさんの家と私の宿の間を往復した。

……

Kさんや末子と連立つて、私は熱海の新宿から乗合自動車のあるといふ《う》町まで歩いてみた。もし船で行けなければ、自動車で行けるところまで行つて、それから東京行の汽車に乗らう《ろ》。Kさん兄妹はその意見だつた。雨降揚句の深い泥濘《ぬかるみ》を恐れて、その朝途中から引返して来たといふ《う》一台の自動車は泥にまみれて居た。その赤土の附着した車輪をみては、私達は空しく引返すのほかはなかつた。

「自動車は危険です。船でお帰りになるのが一番安全です。」

このSさんの忠告を容れて、ドクトルもKさんも私の説の方に傾いた。

到頭《とうとう》その日は伊東方面から来成るべくならば、私は船で帰りたかった。る一番船の汽笛をも聞かなかつた。……」

大正十四年一月　発表

著者プロフィール

西山　敏夫（にしやま　としお）

一九三四（昭和九）年、中郡二宮町に生まれる。

一九四〇（昭和十五）年四月、二宮尋常高等小学校尋常科入学、終戦の年に六年生となり、小田中（小田原高等学校）への入学を断念し、漁師となる。以来、五代百五十年にわたる相模湾の漁師としてその名を馳せる。

一九八〇（昭和五十五）年、二宮の民話「天馬の夜釣り」から書き始め、それが機縁で、児童文学作家の松谷みよ子、その後、『天の夕顔』の作家・中川与一との知遇を得る。自分の選んだ一本の道「文は人なり」と自分を造り磨き続けていく志を忘れず文筆に励んだ。

二〇一二（平成二十四）年三月、『一日力・セギルベエ！　漁師・西山敏夫の相模湾』（夢工房）発行。

二〇一八（平成三十）年九月、天寿を全うし、莞爾として相模湾に帰る。

＊この冊子は平成元年（一九九八）十二月六日に記した稿である。
原稿の入力は星野和子が担当し、平成二十七（二〇一五）十二月吉日、
西山敏夫著・西山敏夫発行として一冊仮製本したものが原本である。

早川紀伊神社の奉納絵馬

二〇一九年三月二十五日　初版発行
定価　本体一〇〇〇円＋税

著者　西山 敏夫 ©
〒二五九―〇一二四
神奈川県中郡二宮町山西六一六

発行　夢工房
〒二五七―〇〇二八
神奈川県秦野市東田原二〇〇―四九
ＴＥＬ（〇四六三）八二―七六五二
http：//www.yumekoubou-t.com
2019 Printed in Japan
ISBN978-4-86158-088-8 C0021 ¥1000E